कृष्ण क्षणवादी हैं। समस्त आनंद की यात्रा क्षण की यात्रा है। कहना चाहिए यात्रा ही नहीं है, क्योंकि क्षण में यात्रा कैसे हो सकती है; क्षण में सिर्फ़ डूबना होता है। समय में यात्रा होती है। क्षण में आप लंबे नहीं जा सकते; गहरे जा सकते हैं। क्षण में आप डुबकी ले सकते हैं। क्षण में कोई लंबाई नहीं है, सिर्फ़ गहराई है। समय में लंबाई है, गहराई कोई भी नहीं है। इसलिए जो क्षण में डूबता है, वह समय के पार हो जाता है। जो क्षण में डूबता है वह इटरनिटी को, शाश्वत को उपलब्ध हो जाता है। कृष्ण क्षण में हैं और साथ ही शाश्वत में हैं। जो क्षण में है, वह शाश्वत में है।

- ***ओशो***

ओशो
सजिल्द प्रकाशन
अष्टावक्र महागीता
ताओ उपनिषद् (भाग 1.6)
डायमंड बुक्स
X-30, ओखला इंडस्ट्रियल एरिया, फेज-2, नई दिल्ली-110020
फोन नं. 41611861-66, 40712100,
ईमेल : Sales@dpb.in, Website: www.dpb.in

ओशो

कृष्ण
साधना-रहित सिद्धि

कृष्ण के बहुआयामी व्यक्तित्व पर ओशो द्वारा दिए गए
बाईस प्रवचनों में से चार (10 से 13) प्रवचनों का संकलन

डायमंड बुक्स

ISBN : 81-288-0492-8

संयोजन : स्वामी अमानो सुरधाम
संपादन : स्वामी योगप्रताप भारती
डॉ. गिरिराजशरण अग्रवाल

प्रकाशक : **डायमंड पॉकेट बुक्स (प्रा.) लि.**
X-30, ओखला इंडस्ट्रियल एरिया, फेज-II
नई दिल्ली-110020
फोन : 011-41611861, 40712100
फैक्स : 011-41611866
ई-मेल : sales@dpb.in
वेबसाइट : www.dpb.in
संस्करण : 2015
मुद्रक :

अनुक्रम

प्रवेश से पूर्व

कृष्ण के व्यक्तित्व में साधना-जैसा कुछ भी नहीं है। हो नहीं सकता। साधना में जो मौलिक तत्त्व है, वह प्रयास है, एफर्ट है। बिना प्रयास के साधना नहीं हो सकती। दूसरा जो अनिवार्य तत्त्व है, वह अस्मिता है, अहंकार है। बिना मैं के साधना नहीं हो सकती, करेगा कौन! कर्ता के बिना साधना कैसे होगी? कोई करेगा तभी होगी।

कृष्ण क्षणवादी हैं। समस्त आनंद की यात्रा क्षण की यात्रा है। कहना चाहिए यात्रा ही नहीं है, क्योंकि क्षण में यात्रा कैसे हो सकती है; क्षण में सिर्फ़ डूबना होता है। समय में यात्रा होती है। क्षण में आप लंबे नहीं जा सकते; गहरे जा सकते हैं। क्षण में आप डुबकी ले सकते हैं। क्षण में कोई लंबाई नहीं है, सिर्फ़ गहराई है। समय में लंबाई है, गहराई कोई भी नहीं है। इसलिए जो क्षण में डूबता है, वह समय के पार हो जाता है। जो क्षण में डूबता है वह इटरनिटी को, शाश्वत को उपलब्ध हो जाता है। कृष्ण क्षण में हैं और साथ ही शाश्वत में हैं। जो क्षण में है, वह शाश्वत में है।

—ओशो

प्रथम प्रवचन

स्वस्थ राजनीति के प्रतीक-पुरुष कृष्ण

❛भगवान्! श्रीकृष्ण आध्यात्मिक पुरुष थे। साथ-ही-साथ उन्होंने राजनीति में भी भाग लिया। और राजनीतिज्ञ के रूप में जो उन्होंने महाभारत के युद्ध में किया वह यह, भीष्म के आगे शिखंडी को खड़ा करके उन्हें धोखे से मरवाया। द्रोण को, 'अश्वत्थामा मारा गया', ऐसा झूठ बुलवाकर मरवाया। कर्ण को, जब रथ का पहिया फँस गया, तब उस निहत्थे को मरवाया। दुर्योधन को उसकी जंघा पर गदा-प्रहार करवाकर मरवाया। तो क्या धार्मिक व्यक्ति राजनीति में आएगा? और अगर आएगा, तो राजनीति में यह चाल और यह छल-कपट खेलेगा? और क्या इसके जीवन में हम भी यही सीखें कि अपनी विजय के लिए इस प्रकार के कार्य, जों धोखे से भरे हुए हों, करें? महात्मा गांधी ने जो साध्य की शुद्धता के साथ-साथ साधना की शुद्धता पर भी बल दिया, वह निरर्थक था? क्या राजनीति में इसकी कोई आवश्यकता नहीं?❜

धर्म और अध्यात्म का थोड़ा-सा भेद सबसे पहले समझना चाहिए। धर्म और अध्यात्म एक ही बात नहीं। धर्म जीवन की एक दिशा है। जैसे राजनीति एक दिशा है, कला एक दिशा है, विज्ञान एक दिशा है, ऐसे धर्म जीवन की एक दिशा है। अध्यात्म पूरा जीवन है। अध्यात्म जीवन की दिशा नहीं है, समग्र जीवन अध्यात्म है।

तो हो सकता है कि धार्मिक व्यक्ति राजनीति में जाने से डरे,

आध्यात्मिक व्यक्ति नहीं डरेगा। धार्मिक व्यक्ति के लिए राजनीति कठिन पड़े, क्योंकि धार्मिक व्यक्ति ने कुछ धारणाएँ ग्रहण की हैं, जोकि राजनीति में विपरीत हैं। आध्यात्मिक व्यक्ति किसी तरह की धारणाएँ ग्रहण नहीं करता, समग्र जीवन को स्वीकार करता है, जैसा है।

कृष्ण धार्मिक व्यक्ति नहीं, आध्यात्मिक व्यक्ति हैं। महावीर धार्मिक व्यक्ति हैं इस अर्थ में, बुद्ध धार्मिक व्यक्ति हैं इस अर्थ में कि उन्होंने जीवन की एक दिशा को चुना है। उस दिशा के लिए उन्होंने जीवन की अन्य सारी दिशाओं को कुर्बान कर दिया है। उन सबको उन्होंने काटकर अलग कर दिया है। कृष्ण आध्यात्मिक व्यक्ति हैं इस अर्थ में कि उन्होंने पूरे जीवन को चुना है। इसलिए कृष्ण को राजनीति डरा नहीं सकती। कृष्ण को राजनीति में खड़े होने में ज़रा भी संकोच नहीं है। कोई कारण नहीं है। राजनीति भी जीवन का हिस्सा है। और समझना ज़रूरी है कि जो लोग धर्म के नाम पर राजनीति को छोड़कर हट गए हैं, उन्होंने राजनीति को ज़्यादा अधार्मिक बनाने में सहायता दी है, राजनीति को धार्मिक बनाने में सहायता नहीं दी।

इसलिए पहली बात तो यह समझनी है कि कृष्ण के लिए जीवन के सब फूल और सब काँटे एक-साथ स्वीकृत हैं। जीवन में उनका कोई चुनाव नहीं है, 'च्वॉइसलेस' जीवन को उन्होंने बिना चुनाव के स्वीकार कर लिया है, जीवन जैसा है। फूल को वह नहीं चुनते हैं, काँटे को भी मान लेते हैं वह भी वहाँ है। और बड़े मज़े की बात यह है कि आम तौर से हम समझते हैं कि गुलाब का यह जो फूल है, काँटा इसका दुश्मन है। दुश्मन नहीं है। गुलाब के फूल की रक्षा के लिए ही काँटा है। दोनों गहरे में जुड़े हैं। दोनों एक ही से संयुक्त हैं। दोनों की एक ही जड़ है और दोनों का एक ही प्रयोजन है। काँटे को काटकर गुलाब को बचा लेने की बहुत लोगों की इच्छा होगी, लेकिन काँटा गुलाब का हिस्सा है, यह उन्हें समझना होगा। तब फिर काँटा और गुलाब, दोनों को साथ ही बचाना है।

तो कृष्ण राजनीति को सहज ही स्वीकार करते हैं। वे उसमें खड़े हो जाते हैं, उसकी उन्हें कोई कठिनाई नहीं है।

दूसरा जो सवाल उठाया है, वह और भी सोचने जैसा है। वह सोचने

जैसा है कि कृष्ण ऐसे साधनों का उपयोग करते हैं, जोकि उचित नहीं कहे जा सकते; ऐसे साधनों का उपयोग करते हैं, जिनका औचित्य कोई भी सिद्ध नहीं कर सकेगा। झूठ का, छल का, कपट का उपयोग करते हैं। लेकिन एक बात इसमें समझेंगे तो बहुत आसानी हो जाएगी। ज़िंदगी में शुभ और अशुभ के बीच कभी भी चुनाव नहीं है, सिवाय सिद्धांतों को छोड़कर। ज़िंदगी में 'गुड' और 'बैड' के बीच कोई चुनाव नहीं है, सिवाय सिद्धांतों को छोड़कर। ज़िंदगी में सब चुनाव कम बुराई के बीच है। ज़िंदगी के सब चुनाव 'रिलेटिव' हैं। सवाल यह नहीं है, कि कृष्ण ने जो किया वह बुरा था, सवाल यह है कि अगर वह न करते तो क्या उससे भला घटित होता कि और भी बुरा घटित होता? चुनाव अच्छे और बुरे के बीच होते तब तो मामला बहुत आसान था। चुनाव अच्छे और बुरे के बीच नहीं है। चुनाव सदा 'लेसर इविल' और 'ग्रेटर इविल' के बीच है। पूरी ज़िंदगी ऐसी है।

मैंने सुनी है एक घटना। एक चर्च का पादरी एक रास्ते से गुज़र रहा है। ज़ोर से आवाज़ आती है कि बचाओ, बचाओ, मैं मर जाऊँगा। अँधेरा है, गलियारा है। वह पादरी भागा हुआ भीतर पहुँचता है। देखता है वहाँ कि एक बहुत कमज़ोर आदमी के ऊपर एक बहुत मजबूत आदमी छाती पर चढ़ा बैठा है। वह उसको चिल्लाकर कहता है कि हट, उस ग़रीब आदमी को क्यों दबा रहा है? लेकिन वह हटता नहीं, तो वह उस पर टूट पड़ता है पादरी, और उस मजबूत आदमी को नीचे गिरा देता है। वह जो नीचे आदमी है, वह ऊपर निकल आता है। भाग खड़ा होता है। तब वह ताक़तवर आदमी उससे कहता है कि तुम आदमी कैसे हो? उस आदमी ने मेरा जेब काट लिया था और वह जेब काटकर भाग गया। वह पादरी कहता है, तूने यह पहले क्यों न कहा, मैं तो यह समझा कि तू ताक़तवर है और कमज़ोर को दबाए हुए है, मैं समझा कि तू उसको मार रहा है! यह तो भूल हो गई। यह तो शुभ करते अशुभ हो गया। लेकिन वह आदमी तो उसकी जेब लेकर नदारद ही हो चुका है।

ज़िंदगी में जब हम शुभ करने जाते हैं, तब भी देखना ज़रूरी है कि अशुभ तो न हो जाएगा? इससे उल्टा भी देखना ज़रूरी है कि कुछ अशुभ से शुभ तो नहीं हो जाएगा? कृष्ण के सामने जो चुनाव है, वह बुरे और अच्छे

के बीच नहीं है। कृष्ण के सामने जो चुनाव है वह कम बुरे और ज़्यादा बुरे के बीच है। और कृष्ण ने जिन-जिन छल-कपट का उपयोग किया, उनसे बहुत ज़्यादा छल-कपट का उपयोग सामने का पक्ष कर रहा था और कर सकता था। और उस सामने के पक्ष से लड़ने के लिए गांधी जी काम न पड़ते। वह सामने का पक्ष गांधी जी को मिट्टी में मिला देता। सामने का पक्ष साधारण बुरा नहीं था, असाधारण रूप से बुरा था। उस असाधारण रूप से बुरे के सामने भले की कोई जीत की संभावना न थी। गांधी जी को भी अगर हिंदुस्तान में हुकूमत हिटलर की मिलती तो पता चलता! हिंदुस्तान में हुकूमत हिटलर की नहीं थी, एक बहुत उदार कौम की थी। और उस क़ौम में भी अगर चर्चिल हुकूमत में रहता तो आज़ादी मिलनी बहुत मुश्किल बात थी। उसमें भी एटली का हुकूमत में आना बुनियादी फ़र्क़ पड़ गया।

गांधी जी जिस साधन-शुद्धि की बात करते हैं, वह थोड़ी समझने जैसी है। उचित ही है बात कि शुद्ध साधन के बिना शुद्ध साध्य कैसे पाया जा सकता है। लेकिन इस जगत् में न तो कोई शुद्ध साध्य होता है, और न कोई शुद्ध साधन होते हैं। यहाँ कम अशुद्ध, ज़्यादा अशुद्ध, ऐसी ही स्थितियाँ हैं। यहाँ पूर्ण स्वस्थ और पूर्ण बीमार आदमी नहीं होते, कम बीमार और ज़्यादा बीमार आदमी होते हैं। ज़िंदगी में सफ़ेद और काला, ऐसा नहीं है, 'ग्रे कलर' है ज़िंदगी का। उसमें सफ़ेद और काला सब मिश्रित है। इसलिए गांधी जैसे लोग कई अर्थों में 'उटोपियन' हैं। कृष्ण बहुत ही जीवन के सीधे-साफ़ निकट हैं। 'उटोपिया' कृष्ण के मन में नहीं है। ज़िंदगी जैसी है उसको वैसा स्वीकार करके काम करने की बात है। और फिर, जिन्हें गांधी जी शुद्ध साधन कहते हैं, वे भी शुद्ध कहाँ हैं? हो नहीं सकते। इस जगत् में-हाँ, मोक्ष में कहीं हो सकते होंगे शुद्ध साधन और शुद्ध साध्य- इस जगत् में सभी कुछ मिट्टी से मिला-जुला है। इस जगत् में सोना भी है तो मिट्टी मिली हुई है। इस जगत् में हीरा भी है तो वह पत्थर का ही हिस्सा है। गांधी जी जिसे शुद्ध साधन समझते हैं, वह भी शुद्ध है नहीं।

जैसे गांधी जी कहते हैं कि अनशन। उसे वह शुद्ध साधन कहते हैं। मैं नहीं कह सकता। कृष्ण भी नहीं कहेंगे। क्योंकि दूसरे आदमी को मारने

की धमकी देना अशुद्ध है, तो स्वयं के मर जाने की धमकी देना शुद्ध कैसे हो सकता है? मैं आपकी छाती पर छुरा रख दूँ और कहूँ कि मेरी बात नहीं मानेंगे तो मार डालूँगा, यह अशुद्ध है। और मैं अपनी छाती पर छुरा रख लूँ और कहूँ कि मेरी बात नहीं मानेंगे तो मैं मर जाऊँगा, यह शुद्ध हो जाएगा? छुरे की सिर्फ़ दिशा बदलने से शुद्धि हो जाती है? यह भी उतना ही अशुद्ध है और एक अर्थ में पहले वाले मामले में यह ज़्यादा नाजुक रूप से अशुद्ध है। क्योंकि पहली बात में आदमी कह सकता है कि ठीक है, मार डालो, नहीं मानेंगे। उसको एक मौक़ा है। एक 'मॉरल एपर्चूनिटी' है। वह मर तो सकता है न! लेकिन दूसरे मौक़े में आप उसे बहुत कमज़ोर कर जाते हैं। आपको मारने की जिम्मेदारी शायद वह न भी लेना चाहे।

अंबेडकर के ख़िलाफ़ गांधी जी ने अनशन किया। अंबेडकर झुके बाद में। इसलिए नहीं कि गांधी जी की बात सही थी, बल्कि इसलिए कि गांधी जी को मारना उतनी-सी बात के लिए उचित न था। इतनी हिंसा अंबेडकर लेने को राज़ी न हुआ। बाद में अंबेडकर ने कहा कि गांधी जी अगर समझते हों कि मेरा हृदय-परिवर्तन हो गया तो ग़लत समझते हैं, मेरी बात तो ठीक और गांधी जी की बात ग़लत है। और अब भी मैं अपनी बात पर टिका हूँ। लेकिन इतनी-सी जिद्द के पीछे गांधी जी को मारने की हिंसा मैं अपने ऊपर न लेना चाहूँगा। अब सोचना ज़रूरी है कि शुद्ध साधन अंबेडकर का हुआ कि गांधी का हुआ! इसमें अहिंसक कौन है? मैं मानता हूँ, अंबेडकर ने ज़्यादा अहिंसा दिखलाई। गांधी जी ने पूरी हिंसा की। वह आख़िरी दम तक लगे रहे कि जब तक अंबेडकर राज़ी नहीं होते, तब तक तो मैं मरने की तैयारी रखूँगा।

इस पृथ्वी पर या तो दूसरे को मारने की धमकी दो, या खुद को मारने की धमकी दो। जब हम दूसरे को धमकी देते हैं, तब हम कम-से-कम उसे एक मौक़ा तो देते हैं कि वह शान के साथ मर जाए और कह दे तुम ग़लत हो और मैं मरने को राज़ी हूँ। लेकिन अगर हम खुद को मारने की धमकी देते हैं, तब हम उसे शान से मरने का मौक़ा नहीं देते। वह दोनों हालत में दिक्कत में पड़ जाता है। या तो वह कहे कि ग़लत है और झुके,

य़ा वह कहे कि वह सही है और आपकी हत्या का बोझ ले। हम उसे हर हालत में अपराधी करार करवा देते हैं। गांधी जी के साधन शुद्ध नहीं हैं। दिखाई शुद्ध पड़ते हैं। और मैं कहता हूँ कि कृष्ण ने जो भी किया वह शुद्ध है। तुलनात्मक अर्थों में, 'रिलेटिव' अर्थों में, सापेक्ष अर्थों में, जिनसे वे लड़ रहे थे उनके सामने जो कृष्ण ने किया, उसके अतिरिक्त और कुछ करने का उपाय न था।

'वे शस्त्रों से नहीं मार सकते थे उन्हें, स्वयं?'

शस्त्रों से ही मार रहे हैं। लेकिन युद्ध में छल और कपट शस्त्र हैं। और जब सामनेवाला दुश्मन उनका पूरा उपयोग करने की तैयारी रखता हो, तो अपने को कटवा देना सिवाय नासमझी के और कुछ भी नहीं है। कृष्ण किसी महात्मा को धोखा नहीं दे रहे हैं। और जिनका ग़ैर-महात्मापन हज़ार तरह से जाँचा जा चुका है, उनके साथ ही वह यह व्यवहार कर रहे हैं। और कृष्ण ने सारे उपाय कर लिए थे युद्ध के पहले कि ये लोग राज़ी हो जाएँ, यह युद्ध न हो। इस सब उपाय के बावजूद, कोई मार्ग न छूटने पर यह युद्ध हुआ है। और जिन्होंने सब तरह की बेईमानियाँ की हों, जिनकी पूरी-की-पूरी कथा बेईमानियों और धोखे और चालबाज़ी की हों, उनके साथ कृष्ण अगर भलेपन का उपयोग करें, तो मैं मानता हूँ कि महाभारत के परिणाम दूसरे हुए होते। उसमें कौरव जीते होते और पांडव हारे होते। और मज़े की तो बात यह है सबसे बड़ी, कि हम कहते तो यही हैं कि 'सत्यमेव जयते', सत्य जीतता है, लेकिन इतिहास कुछ और कहता है। इसलिए तो जो जीत जाता है, उसी को सत्य कहने लगता है। अगर कौरव जीत गए होते, तो पंडित कौरवों की कथा लिखने के लिए राज़ी हो गए होते, और हमें पता भी नहीं चलता कि कभी पांडव भी थे और कभी कृष्ण भी थे। कथा बिल्कुल और होती।

कृष्ण ने जो किया, वह मैं मानता हूँ कि सामने जो था उसको देखते हुए जो किया जा सकता था, 'एक्चुअलिटी' के भीतर, वास्तविकता के भीतर जो किया जा सकता था, वही किया। साधन-शुद्धि की सारी बातें आकाश में संभव हैं। पृथ्वी पर कैसे भी साधन का उपयोग किया जाए, वह थोड़ा न

बहुत अशुद्ध होगा। अगर साधन पूरा शुद्ध हो जाए, तो साध्य बन जाएगा। साध्य तक जाने की ज़रूरत न रह जाएगी। अगर साधन पूरा शुद्ध है तो साध्य और साधन में फ़र्क़ ही नहीं रह जाएगा, वह एक ही हो जाएँगे। साधन और साध्य में फ़र्क़ ही इसलिए है कि साधन अशुद्ध है और साध्य शुद्ध है। और इसलिए अशुद्ध साधन से कभी शुद्ध साध्य पूरी तरह मिलता नहीं, यह भी सच है। साध्य मिलते ही कब हैं पृथ्वी पर! सिर्फ़ आकांक्षा होती है पाने की, मिलते तो कभी नहीं हैं। गांधी जी भी यह कहकर नहीं मर सकते हैं कि मैं पूरा अहिंसक होकर मर रहा हूँ और गांधी जी यह भी नहीं कहकर मर सकते हैं कि मैं पूरे ब्रह्मचर्य को उपलब्ध होकर मर रहा हूँ। और गांधी जी यह भी नहीं कहकर मर सकते हैं कि मैंने सत्य को पा लिया है और मर रहा हूँ। सत्य के प्रयोग करते ही मरते हैं।

शुद्ध अगर साधन थे तो साध्य मिल क्यों नहीं गया? बाधा क्या रह गयी है? अगर साधन शुद्ध है तो साध्य मिल ही जाना चाहिए, बाधा क्या है? नहीं, साधन शुद्ध हो नहीं सकते। स्थितियाँ करीब-करीब ऐसी हैं जैसे हम पानी में लकड़ी को डालें तो वह तिरछी हो जाए। अब पानी में लकड़ी को सीधा ही बनाए रखने का कोई उपाय नहीं है। लकड़ी तिरछी होती नहीं, दिखायी तिरछी पड़ने लगती है। वह पानी का जो 'मीडियम' है, वह लकड़ी को तिरछा कर जाता है। पानी के बाहर ही लकड़ी सीधी हो पाती है, पानी के भीतर डाली कि तिरछी हो जाती है।

इस विराट् सापेक्ष के जगत् में, 'इन दिस रिलेटिव वर्ल्ड', जहाँ सब चीज़ें तुलना में हैं, जहाँ सब चीज़ें तिरछी हो जाती हैं। इसलिए सवाल यह नहीं है कि हम सीधे हों, सवाल यह है कि हम कम-से-कम तिरछे हों। और कृष्ण मुझे मालूम पड़ता है, कम-से-कम तिरछे आदमी हैं। और यह बड़े मज़े की बात है कि ऊपर से देखने पर हमें कुछ और दिखायी पड़ेगा। हमें गांधी जी बहुत सीधे आदमी दिखायी पड़ेंगे, गांधी जी मेरे हिसाब से बहुत तिरछे आदमी हैं। वे कई बार कान को बिल्कुल सिर घुमाकर पकड़ते हैं, दूसरी तरफ़ से पकड़ते हैं, कृष्ण सीधा पकड़ लेते हैं। गांधी जी वही काम करेंगे दूसरे को दबाने का, अपने को दबाकर करेंगे। बड़ी लंबी यात्रा लेंगे।

दबाएँगे दूसरे को ही, 'कोयेरशन' जारी रहेगा, लेकिन प्रयोग जो वे करेंगे, वह अपने को दबाकर उसको दबाएँगे। कृष्ण उसको सीधा दबा देंगे! ऐसे गांधी सीधे-साफ़ मालूम पड़ेंगे। मैं मानता हूँ, बहुत तिरछा व्यक्तित्व है। बहुत जटिल, बहुत 'कांप्लक्स' व्यक्तित्व है। लेकिन हमें आमतौर से ख़याल में नहीं आता, क्योंकि चीज़ें हम जैसी पकड़ लेते हैं, वैसे माने चले जाते हैं।

'भगवान्श्री, कृष्ण के जमाने में एक पौंड्रक नामक राजा था, जो साक्षात् कृष्ण को नकली कृष्ण ज़ाहिर कर अपने को असली कृष्ण मानता था और बताता था। बुद्ध, महावीर आदि अवतारों के जीवन में, क्राइस्ट के चरित्र में ऐसी साम्य रखने वाली कुछ घटनाएँ घटी हैं?'

हाँ, घटी हैं। महावीर के समय गोशालक नाम के व्यक्ति ने घोषणा की कि असली तीर्थंकर मैं हूँ। महावीर असली तीर्थंकर नहीं हैं।

और क्राइस्ट के समय में भी घटी, क्योंकि यहूदियों ने सूली ही इसलिए दी कि यह बढ़ई का लड़का नाहक अपने को क्राइस्ट कह रहा है, यह असली क्राइस्ट नहीं है। अभी असली क्राइस्ट पैदा होनेवाला है। यहूदी-परंपरा में ऐसा ख़याल था कि क्राइस्ट नाम का एक पैगंबर पैदा होनेवाला है। बहुत 'प्रॉफेट्स' ने उसकी घोषणा की थी। एजेकियल ने घोषणा की थी, ईसिया ने घोषणा की थी, उन सब पुराने पैगंबरों ने घोषणा की थी कि क्राइस्ट नाम का एक पैगंबर आनेवाला है। फिर क्राइस्ट के ठीक जन्म लेने के पहले बपतिस्मा वाले जॉन ने गाँव-गाँव घूमकर घोषणा की थी क्राइस्ट आनेवाला है। क्राइस्ट का मतलब, मसीहा। मसीहा आनेवाला है, जो सबका उद्धार करेगा। और फिर एक दिन जीसस नाम के इस जवान ने घोषणा कर दी कि मैं वह मसीहा हूँ। यहूदियों ने मानने से इनकार कर दिया कि यह आदमी वह मसीहा नहीं है। इसीलिए सूली दी गयी। सूली दी गई कि तुम झूठी घोषणा कर रहे हो। तुम मसीहा नहीं हो।

दूसरे व्यक्ति ने ठीक जीसस के सामने दावा नहीं किया। लेकिन

बहुत लोगों ने यह दावा किया कि तुम मसीहा नहीं हो, तुम क्राइस्ट नहीं हो। हम तुम्हें क्राइस्ट मानने से इनकार करते हैं। क्यों इनकार किया? क्योंकि वे कहते थे, कुछ लक्षण हैं, जोकि तुम पूरे करो। कुछ चमत्कार हैं, जो तुम दिखाओ। उनमें एक चमत्कार यह भी था कि जब हम तुम्हें सूली लगाएँ, तो तुम ज़िंदा सूली से उतर आओ। तो जीसस के जो भक्त थे, वे मानते थे कि सूली लग जाने के बाद जीसस उतर आएँगे जीवित और चमत्कार घटित हो जाएगा, और फिर लोग मान लेंगे। अब बड़ी मुश्किल है तय करना यह बात, क्योंकि जीसस के भक्त अब भी कहते हैं कि तीन दिन बाद वे देखे गए। लेकिन जिन्होंने देखा, वे दो औरतें थीं, दो स्त्रियाँ थीं, जो जीसस को बहुत प्रेम करती थीं, उन्होंने उन्हें देखा। विरोधी उनके वक्तव्य को मानने को तैयार नहीं हैं। विरोधियों का ख़याल है कि वे इतनी प्रेम से भरी थीं कि जीसस उन्हें दिखायी पड़ सकते हैं, और जीसस न हों। लेकिन कोई यहूदी वक्तव्य ऐसा नहीं है कि जीसस उतर आए सूली से और प्रमाण उन्होंने दे दिया, वह प्रमाण नहीं दिया जा सकता। इसलिए उस क्राइस्ट की प्रतीक्षा तो यहूदी अभी भी करते हैं, जिसकी घोषणा पैगंबरों ने की है।

लेकिन महावीर के वक़्त में तो बहुत ही स्पष्ट गोशालक ने घोषणा की कि मैं असली तीर्थंकर हूँ, महावीर असली तीर्थंकर नहीं हैं। गोशालक को भी माननेवाले लोग थे। थोड़ी संख्या न थी, काफ़ी संख्या थी। और यह विवाद लंबा चला कि कौन असली तीर्थंकर है। क्योंकि जैन-परंपरा में घोषणा थी कि चौबीसवाँ तीर्थंकर आनेवाला है। वह अंतिम तीर्थंकर होने को था, तेईस हो चुके थे, और अब एक ही आदमी तीर्थंकर हो सकता था। और न केवल गोशालक ने घोषणा की कि वह चौबीसवाँ तीर्थंकर है, एक बड़ा वर्ग था, जो उसे चौबीसवाँ तीर्थंकर मानता था।

यह तो था ही, और भी पाँच-छः लोग थे, जिनको कुछ लोग मानते थे, वह असली तीर्थंकर हैं, हालाँकि उन्होंने कभी घोषणा नहीं की। मक्खली गोशालक तो स्वयं घोषणा करता था कि वह तीर्थंकर है। लेकिन संजय विलट्ठीपुत्त, अजित केसकंबल, इनके भी भक्त थे, जो मानते थे कि ये असली तीर्थंकर हैं। ऐसा बुद्ध को जो मानते थे उनका भी ख़याल था कि

असली तीर्थंकर बुद्ध हैं। और बुद्ध के माननेवालों ने महावीर का बहुत मज़ाक़ उड़ाया।

इसकी बहुत संभावना है। सदा संभावना है कि कृष्ण जैसा व्यक्ति जब पैदा हो, या जब समाज ऐसे व्यक्ति की किन्हीं घोषणाओं के आधार पर प्रतीक्षा कर रहा हो, तो कोई और लोग भी दावेदार हो जाएँ। इसमें बहुत कठिनाई नहीं है। लेकिन समय तय कर देता है कि दावेदार सही थे कि नहीं थे। सच तो यह है कि जब कोई दावा करता है, तभी वह कह देता है कि वह सही आदमी नहीं है। दावेदारी ही ग़लत आदमी करता है। कृष्ण को दावा करने की ज़रूरत नहीं है कि कृष्ण वह हैं। किसी को दावे की ज़रूरत पड़ती है, उसका मतलब यह है कि उसके होने से सिद्ध नहीं होता कि वह कृष्ण है, उसे दावा भी करना पड़ता है। महावीर दावा नहीं करते कि मैं तीर्थंकर हूँ, वे हैं। लोग उन्हें पहचान लेते हैं। गोशालक दावा करता है। उसे खुद ही शक है। असल में हमारी आत्महीनता ही दावा बनती है। अगर कोई आदमी दावा करता है कि मैं महात्मा हूँ, तो उसका दावा ही कहता है कि वह महात्मा नहीं होगा। दावेदारी हमेशा उल्टी ख़बर देती है।

लेकिन यह बिल्कुल स्वाभाविक है, मानवीय है कि कोई दावा कर सके। इसमें बहुत कठिनाई नहीं है।

'जीसस ने क्यों दावा किया?'

जीसस ने दावा नहीं किया। जीसस ने दावा नहीं किया कि मैं क्राइस्ट हूँ। जीसस ने तो दावे बहुत दूसरे किए हैं। क्राइस्ट होने का दावा नहीं किया। जीसस के दावे वक्तव्यों में नहीं हैं, व्यक्तित्व में हैं। लोगों ने पहचाना कि यह आदमी क्राइस्ट है। दूसरे लोगों ने घोषणा की कि यह आदमी क्राइस्ट है। जिस आदमी का मैंने नाम लिया, जॉन दि बैपटिस्ट–जीसस के पहले बहुत अद्‌भुत संत हुआ–उसने घोषणा कर रखी थी कि क्राइस्ट आनेवाला है। और मैं सिर्फ़ अगुआ हूँ, जो पहले ख़बर देने आया हूँ। जिस दिन क्राइस्ट आ जाएगा, उस दिन मैं विदा हो जाऊँगा। वह नदी के किनारे, जोर्डन नदी के किनारे, नदी में लोगों को दीक्षा देता था। हज़ारों लोग उससे दीक्षा लेते थे।

जीसस भी उससे दीक्षा लेने गए। जीसस ने संत जॉन से दीक्षा ली। जोर्डन नदी में वे खड़े हुए, गले डूबे पानी में जॉन ने दीक्षा दी और कहा कि अब तुम अपना काम सम्हालो, मैं जाता हूँ। इस बात से सारे मुल्क में ख़बर फैल गयी कि क्राइस्ट आ गया और जॉन उसी दिन से फिर नहीं देखा गया कि कहाँ चला गया। फिर उसका कोई पता नहीं चला। उस दिन से जॉन खो गया।

इससे ख़बर पूरे मुल्क में फैल गयी कि वह जो जॉन चिल्ला-चिल्ला कर गाँव-गाँव में कहता था कि क्राइस्ट आनेवाला है, जिस दिन आ जाएगा, उस दिन मेरा काम ख़त्म हो जाएगा, मैं उसके आने तक रुका हूँ, मैं सिर्फ़ आगे की सड़क साफ़ कर रहा हूँ, 'पायलट' का काम कर रहा हूँ, वह उसी दिन से नदारद हो गया। जॉन के खो जाने से सारे मुल्क में ख़बर फैल गयी कि क्राइस्ट आ गया। अब लोग जीसस से पूछने लगे कि आप कौन हैं? दावा उन्होंने नहीं किया। लोग उनसे पूछने लगे कि तुम कौन हो? तो उन्होंने जो वक्तव्य दिए, उन वक्तव्यों में उन्होंने कहा कि मैं वही हूँ, जो सदा से है। मैं वहीं हूँ, जो पैगंबर नहीं हुए उसके पहले भी था। अब्राहम के पहले जो मौजूद था, मैं वही हूँ। जब लोगों ने पूछा कि तुम कौन हो तो उन्होंने कहा कि तुम जिसे खोजते हो, मैं वही हूँ। मगर इसमें दावा नहीं था कोई। लोगों ने पूछा था, और उत्तर देना ज़रूरी था।

❛ हिंदू अवतार के क्रम में मत्स्यावतार से शुरू होकर रामादि अंशावतार आते हैं। फिर पूर्णावतार कृष्ण के बाद भी बुद्धावतार होता है। कल्कि की आगाही भी समाविष्ट है। तो बुद्ध कालक्रम दृष्टि से पूर्णावतार क्यों नहीं माने गए? उत्क्रांति की दृष्टि से कृष्ण का बुद्ध के पूर्व आ जाने का कोई राज़ हो तो बताएँ। काल की गति को यहाँ वर्तुलाकार कहने में किस हद तक औचित्य है? ❜

अवतार आंशिक भी उतना ही अवतार है, जितना पूर्ण। अवतार होने में कोई फ़र्क़ नहीं है। अवतार से तो मतलब इतना ही है कि परमात्म-चेतना

प्रकट हुई। वह कितने आयामों में प्रकट हुई, यह बात दूसरी है। तो कृष्ण का अवतार पूर्णावतार इस अर्थों में है कि जीवन के समस्त आयामों में, जीवन के सब 'डायमेंसंस' में उनका स्पर्श है। बुद्ध का अवतार फिर पूर्ण अवतार नहीं है। कल्कि अवतार भी पूर्ण अवतार होनेवाला नहीं है। अवतरण तो पूरा होगा। अवतरण की जो प्रक्रिया है, चेतना का जो उतरना है, वह तो पूरा होगा, लेकिन वह सब आयामों का स्पर्श नहीं करेगा।

इसके कारण हैं, बहुत कारण हैं। समय की जो धारा है, विकास का जो क्रम है—साधारणतः ऐसा ही होना चाहिए कि पूर्ण अवतार अंत में आए, विकास के क्रम में पूर्णता अंत में आनी चाहिए– लेकिन विकास का जो क्रम है, अवतार उस क्रम के बाहर से आता है। अवतार का अर्थ है– 'पेनीट्रेशन फ्रॉम दॅ बियांड'। वह पार से उतरता है। वह हमारी विकास-प्रक्रिया का अंग नहीं है। वह हमारे विकास में विकसित हुआ नहीं है। वह हमारी विकास-धारा के पार से उतरता है। और जब भी कोई चेतना... जैसे एक ऐसा उदाहरण से समझें। हम सारे लोग यहाँ बैठे हैं, सूरज निकला है, हम सब आँखें बंद किए बैठे हैं, किसी ने थोड़ी-सी आँख खोली और पूरी रोशनी दिखाई पड़ी। फिर किसी ने थोड़ी-सी आँख खोली और थोड़ी रोशनी दिखाई पड़ी। इसमें कोई विकास-क्रम नहीं है। असल में आँख पूरी कभी भी खोली जा सकती है। और पूरी आँख खोलने के बाद भी पीछेवाला पूरी आँख खोले, इसकी कोई अनिवार्यता नहीं है।

कृष्ण का जो व्यक्तित्व है वह पूरा खुला है, इसलिए पूरे परमात्मा को समा सका है। बुद्ध का व्यक्तित्व आंशिक खुला है, इसलिए अंश-परमात्मा को समा सका है। अगर आज भी कोई पूरे व्यक्तित्व को खोलेगा, तो पूरा परमात्मा समा जाएगा। और अगर कल भी कोई व्यक्तित्व को बिल्कुल बंद रखेगा, तो परमात्मा बिल्कुल नहीं समाएगा। इसमें कोई 'एवॉलूशनरी' क्रम नहीं है। हो भी नहीं सकता।

विकास का जो क्रम है, उस क्रम को अगर हम ठीक से समझें, तो सिर्फ़ 'जनरल', सामान्य अर्थों में पकड़ सकते हैं, व्यक्तिवाची अर्थों में नहीं पकड़ सकते। बुद्ध को हुए बहुत दिन हो गए। हम तो बुद्ध के ढाई हज़ार

साल बाद हुए हैं, लेकिन इससे हम यह नहीं कह सकते कि बुद्ध से हम ज़्यादा 'इवाल्व्ड' हैं। यह नहीं कह सकते हम। हाँ, इतना हम कह सकते हैं कि बुद्ध के समाज से हमारा समाज ज़्यादा 'इवाल्व्ड' है। बुद्ध के समाज से हमारा समाज ज़्यादा विकसित कहा जा सकता है। असल में विकास दोहरा चल रहा है– समूह का, व्यक्ति का। समूह के पहले भी व्यक्ति विकसित हो सकता है। हाँ, जो अपने को विकसित करने की कोई कोशिश नहीं करेंगे, वे समूह के साथ घिसटते हुए विकसित होते हैं। और सभी समूह के सभी व्यक्ति एक-जैसे विकसित नहीं हो रहे हैं, प्रत्येक व्यक्ति अलग-अलग धारा में विकसित हो रहा है। हम यहाँ इतने लोग बैठे हैं, लेकिन सभी विकास की एक ही पायरी पर नहीं हैं। कोई विकास की पहली सीढ़ी पर खड़ा है, कोई विकास की दसवीं सीढ़ी पर खड़ा है, कोई विकास का अंतिम छोर भी छू सकता है। समूह के बाबत सामान्य नियम सत्य होते हैं। विकास का नियम समूह के बाबत है, इसे एक उदाहरण से समझें-

यह हम कह सकते हैं कि दिल्ली में पिछले दस वर्षों में प्रतिवर्ष कितने लोग सड़क पर 'एक्सीडेंट' से मरे। हर वर्ष अगर पचास आदमी मरते हैं, और उसके पहले वर्ष पैंतालीस मरे थे और उसके पहले चालीस मरे थे, तो हम कह सकते हैं कि अगले वर्ष पचपन आदमी सड़क पर कार 'एक्सीडेंट' से मरेंगे। और बहुत दूर यह सही हो जाएगा। लेकिन हम यह नहीं कह सकते कि वह पचपन आदमी कौन से होंगे? हम खोजकर नहीं बता सकते कि ये पचपन आदमी मरेंगे। अगर दिल्ली की आबादी बीस लाख है, तो पचपन में हो सकता है, चौवन मरें, या हो सकता है, छप्पन मर जाएँ। लेकिन अगर आबादी बीस करोड़ है, तो पचपन का आँकड़ा और भी करीब आ जाएगा। और अगर आबादी अनंत है, तो पचपन का आँकड़ा बिल्कुल 'फिक्स्ड' हो जाएगा। यानी हम बिल्कुल कह सकते हैं कि पचपन मरेंगे, न साढ़े चौवन मरेंगे, न साढ़े पचपन मरेंगे। पचपन मरेंगे। जितनी बड़ी संख्या होती जाएगी, सामान्य 'स्टेटिक्स' उतने ही सत्य हो जाते हैं। जितना व्यक्ति को हम पकड़ते हैं, उतने ही 'स्टेटिक्स' ग़लत हो जाते हैं। विकास की जो धारा है, वह समूह की धारा है। इसमें व्यक्ति पहले भी हो जाते हैं।

जैसे, जब बसंत आता है तो किसी एक पक्षी की चहचहाहट से घोषणा हो जाती है बसंत के आने की, लेकिन सभी पक्षियों की चहचहाहट में वक़्त लग जाता है। बसंत आता है तो एक फूल भी खिलकर ख़बर कर देता है कि बसंत आ रहा है, लेकिन सभी फूलों के खिलने में वक़्त लग जाता है। आता तो बसंत पूरा तभी है जब सब फूल खिलते हैं, लेकिन कुछ फूल पहले भी खिल जाते हैं। एक फूल के खिलने से हम यह नहीं कह सकते कि बसंत आ गया, लेकिन इतना कह सकते हैं, बसंत की पहली पगध्वनि आ गई है। व्यक्तिगत फूल तो पहले भी खिल सकते हैं, पीछे भी खिल सकते हैं, लेकिन सब फूल बसंत में खिल जाते हैं।

कृष्ण का बीच में पूर्ण हो जाना सिर्फ़ इस बात की सूचना है कि कृष्ण अपने व्यक्तित्व को पूरा खोल सके। बुद्ध अपने व्यक्तित्व को पूरा नहीं खोलते हैं। यह भी बुद्ध का अपना निर्णय है। अगर उन्हें कोई पूर्ण करने को कहे भी, अगर कोई उनसे कहे भी कि तुम्हारे कृष्ण होने की सी संभावना है, तो बुद्ध इनकार कर देंगे। यह बुद्ध का चुनाव नहीं है। इसमें बुद्ध कुछ पीछे पड़ जाते हैं कृष्ण से, ऐसा नहीं है। यह बुद्ध का अपना चुनाव है। कृष्ण का अपना चुनाव है और चुनाव के मामले में दोनों मालिक हैं। और उनका अपना 'डिसीज़न' है। बुद्ध चाहते हैं जैसा, वैसे वे खिलते हैं। कृष्ण जैसा चाहते हैं, वैसे वे खिलते हैं। कृष्ण को पूरा खिलने का स्वभाव है। बुद्ध को जैसा खिलना है, उसमें ही पूरा खिलने का स्वभाव है। इसमें कोई विकास की धारा नहीं है। व्यक्तियों पर विकास लागू नहीं होता, विकास सिर्फ़ समूहों पर लागू होता है।

‘भगवान्श्री, नौ सौ निन्यानवे गाली सहनेवाले कृष्ण उससे आगे की एक भी गाली को न सुन सके और चक्र से शिशुपाल का वध कर बैठे। इससे क्या यह तय नहीं होता कि पहले दी गयी गालियों को भी सिर्फ़ वे प्रकट रूप से ही सह रहे थे और अंतर में तो असहिष्णु ही थे?’

ऐसा सोचा जा सकता है, क्योंकि ऐसे हम सब हैं। अगर हम चौथी गाली पर बिगड़ उठते हैं, तो हम भली-भाँति जानते हैं कि बिगड़ तो हम पहली ही गाली पर गए थे। लेकिन तीन तक साहस रखा। तीन एक सहिष्णुता थी, फिर हम चूक गए, फिर हमारी सहिष्णुता और न सह सकी। तो चौथी गाली पर प्रकट हो गए। लेकिन इससे उल्टा भी हो सकता है। और कृष्ण बड़े उल्टे आदमी हैं। ठीक हमारे जैसे आदमी नहीं हैं। इसलिए उल्टे होने की संभावना ही उन पर ज़्यादा है।

ऐसा नहीं कि नौ सौ निन्यानवे गाली सहने तक उनकी सहिष्णुता थी। नौ सौ निन्यानवे गालियाँ काफ़ी गालियाँ हैं। और जो नौ सौ निन्यानवे सह सकता होगा, वह हज़ारवीं नहीं सह सकता होगा, सोचना ज़रा मुश्किल है। बड़ा सवाल कृष्ण के लिए यह नहीं है कि उनकी सहिष्णुता चुक गयी, बड़ा सवाल यह है कि अब सामने का जो आदमी है, अब उसकी सीमा आ गई। अब इससे ज़्यादा सहे जाना सहिष्णुता का सवाल नहीं है, इससे ज़्यादा सहे जाना बुराई को बनाए रखने का सवाल है। इससे ज़्यादा सहे जाना अब अधर्म को बचाना होगा। क्योंकि इतना तो बहुत ही साफ़ है कि नौ सौ निन्यानवे गालियाँ काफ़ी हैं।

जीसस से कोई पूछता है एक शिष्य, कि कोई हमें एक बार चाँटा मारे, तो हम क्या करें? तो जीसस कहते हैं, सहो। वह पूछता है कोई हमें सात बार चाँटा मारे तो हम क्या करें? तो जीसस कहते हैं, सात बार नहीं, सतहत्तर बार सहो। उस आदमी ने आगे पूछा नहीं, इसलिए हमें पता नहीं कि जीसस क्या कहते हैं। उसने आगे पूछा नहीं कि अठहत्तरवीं बार? लेकिन मैं मानता हूँ कि जीसस कहते कि अठहत्तरवीं बार अब बिल्कुल मत सहो। क्योंकि तुम्हारी सहिष्णुता ही काफ़ी नहीं है, दूसरे आदमी का अधर्म भी विचारने योग्य है।

मैंने एक मज़ाक़ सुना है। मैंने सुना है कि जीसस को माननेवाला एक भक्त एक गाँव से गुज़रा है। और किसी ने एक चाँटा उसके चेहरे पर मार दिया। तो जीसस का वचन है कि जब कोई तुम्हारे बाएँ गाल पर चाँटा मारे तो दायाँ उसके सामने कर दो। उसने दायाँ गाल उसके सामने कर दिया।

उस आदमी ने, जैसा कि उस बेचारे ने सोचा भी नहीं था, दाएँ पर भी चाँटा और करारा मारा। तब वह बड़ी मुश्किल में पड़ा, क्योंकि इससे आगे जीसस का कोई वक्तव्य नहीं है कि अब वह क्या करे? तो उसने उठकर एक हाथ करारा उस दुश्मन को मारा। उस आदमी ने कहा कि अरे, तुम तो जीसस को मानते हो? और जीसस ने कहा कि जब कोई तुम्हारे एक गाल पर चाँटा मारे तो दूसरा सामने कर दो। उसने कहा, लेकिन तीसरा कोई गाल नहीं है। और अब मैं छुट्टी लेता हूँ जीसस से। क्योंकि दो गाल तक जीसस के साथ चला, तीसरा कोई गाल नहीं है। अब तीसरा गाल तुम्हारे पास है। उस आदमी ने कहा, अब तीसरा गाल तुम्हारे पास है। मेरे दोनों गाल चुक गए, अब तुम्हारे गाल पर ही चाँटा पड़ सकता है। एक वक़्त है। एक वक़्त है जब तीसरा गाल आ जाता है।

उसमें कृष्ण नहीं चुक जाते। हमें ऐसा ही लगेगा, क्योंकि हम चुक जाते हैं जल्दी। उसमें कृष्ण नहीं चुक जाते। लेकिन सब चीज़ों की सीमाएँ हैं और सीमाओं के आगे चीज़ों को सहे जाना ख़तरनाक है, अधर्म है। सीमाओं के आगे चीज़ों को सहे जाना बुराई को प्रोत्साहन है। अगर मैं सहिष्णु हूँ, तो इसीलिए तो हूँ न, कि असहिष्णुता बुरी है और तो कोई कारण नहीं है। सहिष्णु होने का यही तो अर्थ है कि असहिष्णुता बुरी है। लेकिन मैं तो बुरा होने से बच जाऊँ और दूसरे को बुरा होते ही जाने दूँ, यह दूसरे पर दया न हुई। यह दूसरे से अति कठोरता हो गयी। एक जगह दूसरे को भी बुरा होने से रोकना ही पड़ेगा। ऐसा मैं देखता हूँ।

कृष्ण के पूरे व्यक्तित्व को देखकर ऐसा लगता है कि उनकी सहिष्णुता को चुकाना बहुत मुश्किल है। लेकिन ऐसा भी लगता है कि बुराई को प्रोत्साहन देना उनके लिए असंभव है। इन दोनों के बीच कहीं उन्हें 'गोल्डन मीन' खोजनी पड़ती है, कहीं उन्हें 'स्वर्ण-नियम' खोजना पड़ता है जहाँ से आगे चीज़ें बदल जाती हैं।

‘कृष्ण को क्या आप अपहरण-भूषण नहीं कहेंगे? ख़ुद ने तो रुक्मिणी का अपहरण किया ही था,

अर्जुन को भी बहन सुभद्रा का अपहरण करने को लालायित करते हैं।'

असल में समाज की व्यवस्थाएँ जब बदल जाती हैं, तो बहुत-सी बातें बेतुकी हो जाती हैं। एक युग था जब किसी स्त्री का अपहरण न किया जाए, तो उसका एक ही मतलब था उस स्त्री को किसी ने भी नहीं चाहा। एक युग था कि जब किसी स्त्री का अपहरण न किया जाए, तो उसका मतलब था कि उसकी कुरूपता सुनिश्चित है। एक युग था जब सौंदर्य का सम्मान अपहरण था। और अब वह युग नहीं है। लेकिन आज भी अगर यूनिवर्सिटी कैंपस में किसी लड़की को कोई भी धक्का नहीं मारता तो उसके दुःख का कोई अंत नहीं है। कोई अंत नहीं है उसके दुःख का। और जब कोई लड़की आकर दुःख प्रकट करती है कि उसे बहुत धक्के मारे जा रहे हैं तब उसके चेहरे को गौर से देखें, उसके रस का कोई अंत नहीं है। स्त्री चाहती रही है कोई अपहरण करनेवाला उसे मिले। कोई इतना चाहे कि चुराना मजबूरी, ज़रूरी हो जाए। कोई उसे इतना चाहे कि माँगेंगे नहीं, चुराने को तैयार हो जाए।

तो कृष्ण जिस युग में थे उस युग को समझेंगे तब यह बात ख़याल में आ जाती है। और मैं मानता हूँ कि वह हिम्मतवर युग था। यह भी कोई बात कि पंचांग और पत्री को दिखाकर कोई विवाह कर ले! लेकिन कृष्ण जब किसी को उत्प्रेरित भी कर रहे हैं अपहरण के लिए, तो इसीलिए कि वह कहते हैं कि प्रेम इतनी बड़ी चीज़ है कि अगर वह है, तो अपहरण भी किया जा सकता है, दाँव लगाया जा सकता है। और प्रेम कोई नियम नहीं मानता। और युग था वह जो प्रेम का युग था। जिस दिन नियम शुरू हो जाते हैं, उसी दिन मानना चाहिए कि प्रेम की शक्ति शिथिल हो गई है। अब प्रेम बहुत चुनौतियाँ नहीं लेता, दाँव नहीं लगाता। उस युग के पूरे-के-पूरे ढाँचे को समझेंगे तो ख़याल में आएगा। ये कृष्ण किसी विशेष युग में पैदा हुए हैं। उस युग की व्यवस्था का हमें ख़याल नहीं है। हमारे युग की व्यवस्था को हम उन पर थोपने जाएँगे तो वह कई बार अनैतिक मालूम पड़ने लगेंगे। लेकिन मुझे भी लगता है कि शौर्य के युग, जब ज़िंदगी में तेज़ होता है और जब

ज़िंदगी में शान होती है, तो चुनौती के और दाँव के युग होते हैं। शिथिल और मरे हुए समाज, जब ज़िंदगी में सब चुनौती खो जाती है और सब ढीला-ढाला होता है, और तरह की नीतियाँ बनाते हैं जो मुर्दा नीतियाँ होती हैं। न, मैं तो कहूँगा कि कृष्ण अगर अपहरण करके न लाएँ किसी स्त्री का और उसी स्त्री के बग़ैर ख़बर भेजें, उसके पिता के हाथ-पैर पड़ें, और सब उपाय करें, तो उस स्त्री का अपमान होगा, उस युग में अपमान होगा। वह स्त्री इसे पसंद नहीं करती। वह कहती कि इतनी भी हिम्मत नहीं है मुझे चुरा सको, तो छोड़ो यह बात!

हमें ख़याल नहीं है कि आज भी युग तो बदल जाते हैं, लेकिन कुछ ढाँचे चलते चले जाते हैं—आज भी जिसे हम बारात कहते हैं, किसी दिन वह प्रेमी के साथ गए हुए सैनिक थे। और जिसे आज हम घोड़े पर बिठाते हैं, दूल्हे को—दूल्हे को घोड़े पर बिठाना बिल्कुल बेमानी है, कोई मतलब नहीं है—और एक छुरी भी लटका देते हैं उसके बगल में, वह कभी तलवार थी और कभी वह घोड़ा किसी को चुराने गया था और कुछ साथी थे उसके, जो उसके साथ गए थे, वह बारात थी। और आज भी आपको पता होगा कि जब बारात आती है तो लड़की के घरवाली स्त्रियाँ गालियाँ देना शुरू करती हैं। कभी सोचा कि वे गालियाँ क्यों देती हैं? वह जिसके घर की लड़की चुरायी जा रही होगी, उसकी गालियाँ दी गई होंगी। लेकिन अब काहे के लिए गालियाँ दे रही हैं, वह खुद ही इंतजाम किए हैं सब। आज भी लड़की का पिता झुकता है, आज भी। अब कोई कारण नहीं है लड़की के पिता के झुकने का। कभी उसे झुकना पड़ा था। कभी जो उसे छीनकर ले जाता था, जो विजेता होता था, उसके सामने झुक जाना पड़ा था। वह कभी के नियम थे, जो अब भी सरकते हुए मुर्दा हालत में चलते चले जाते हैं।

❛ भगवान्श्री, एक बार कृष्ण इंद्रप्रस्थ से द्वारका जाते थे, तब कुंता मिली। कुंता ने कहा, 'विपद संतु नश्वस तत्र जगत्गुरु।' यानी गूँजने वाली कुंता कृष्ण के पास कष्ट की याचना करती थी, ताकि

कृष्ण कष्ट-दर्शन करा सकें। मगर आनंदवादी कृष्ण हँसते हैं, समझाते भी नहीं कि कष्ट-याचना ठीक नहीं। उसका क्या तात्पर्य है?'

भक्त का भगवान् से कष्ट के लिए प्रार्थना करना बड़ा अर्थपूर्ण है, दो-तीन कारणों से। एक तो भगवान् से सुख की प्रार्थना करना कुछ स्वार्थपूर्ण मालूम पड़ता है। और जो भगवान् से सुख की प्रार्थना करता है, वह भगवान् से प्रार्थना नहीं करता, सुख के लिए ही प्रार्थना करता है। अगर भगवान् के बिना उसे सुख मिल जाए तो भगवान् को छोड़कर सुख की तरफ़ जाएगा। चूंकि भगवान् से मिल सकता है, इसलिए भगवान् के पास भी जाता है। लेकिन भगवान् का उपयोग वह साधन की तरह करता है, साध्य तो सुख है। इसलिए भक्त का मन सुख की प्रार्थना नहीं करेगा। नहीं करेगा इसी कारण कि वह भगवान् से ऊपर किसी चीज़ को रखना न चाहेगा।

और जब वह दुःख की प्रार्थना करता है तो वह दो-तीन बातों की घोषणाएँ करता है। वह कहता है कि तुम्हारे द्वारा दिया गया दुःख भी और कहीं से मिले सुख से बड़ा है। तुम्हारा दुःख भी चुन लेंगे, और कोई सुख न चुनेंगे। अब इस आदमी का भगवान् से जाने का कोई उपाय न रहा। क्योंकि आदमी वहीं से हटता है, जहाँ दुःख होता है। और वहाँ के लिए हटता है, जहाँ सुख होता है। जिस भक्त ने सुख माँगा है, वह भगवान् से हट सकता है। लेकिन जिस भक्त ने दुःख माँगा है, अब उसके हटने का उपाय क्या रहा? अब वह भगवान् से हट नहीं सकता।

इसलिए बड़ी गहरी माँग है यह कि हमें दुःख ही दे दो। हमें वही दे दो, जिससे लोग हट जाते हैं। हम वही माँगने तुम्हारे पास आते हैं।

और दूसरी भी मज़े की बात है कि भगवान् से दुःख माँगा जा सकता है, क्योंकि भगवान् से दुःख मिलता नहीं, उससे तो जो भी मिलता है, वह सुख ही है। जब उससे सुख ही मिलता है तो हम नाहक सुख के भिखारी क्यों बनें? जिससे सुख मिलने की संभावना न हो, उससे सुख माँगा जाना चाहिए। जिससे सुख ही मिलता हो, जिससे जो मिलता हो वह सुख ही होता हो, उससे हम दुःख ही क्यों न माँग लें। इसमें भक्त बड़ी चालाकी कर

रहा है। इसमें वह भगवान् को भी एक धोखा दे रहा है। वह यह कह रहा है कि सुख हम न माँगेंगे, क्योंकि तुम जो देते हो वह सुख ही है। हम तुमसे दुःख ही माँग लेते हैं। ऐसे वह भगवान् को थोड़ी दिक्कत में भी डाल रहा है। और जहाँ प्रेम है, वहाँ थोड़ी दिक्कत में डालने का मन स्वाभाविक है। यानी वह कह रहा है, दो तो दुःख दो, देखें कैसे समर्थ हो, देखें कैसे सर्वशक्तिमान हो! उसने एक जगह पकड़ ली है, जहाँ वह तुमको सिद्ध कर देगा कि सर्वशक्तिमान तुम नहीं हो, क्योंकि दुःख तुम नहीं दे सकते हो।

और भी कुछ कारण हैं, जो बहुत मनोवैज्ञानिक हैं। सुख क्षण-भर का होता है। आता है, चला जाता है। दुःख में लंबाई है। सुख में लंबाई नहीं होती। दुःख में लंबाई होती है। आता है तो जाने का नाम लेता मालूम नहीं पड़ता। सुख आता है तो आ भी नहीं पाता और चला जाता है। सुख में गहराई भी नहीं होती। सुख बहुत उथला होता है। इसलिए जो लोग, जिन्हें हम साधारणतः सुखी कहते हैं, हमेशा 'शैलो' हो जाते हैं, उथले हो जाते हैं। उनकी ज़िंदगी में कुछ गहरा नहीं रह जाता, ऊपर-ऊपर हो जाता है। दुःख बहुत गहराई रखता है, उसकी बड़ी 'डैप्थ' है। इसलिए दुःख गहराई दे जाता है। इसलिए जो लोग दुःख से गुज़रते हैं, उनकी आँखों में, उनके चेहरों में, उनकी ज़िंदगी में एक गहराई होती है, जो साधारणतः सुखी आदमी की ज़िंदगी में नहीं होती। दुःख दुःख ही नहीं देता, माँजता भी है। दुःख दुःख ही नहीं देता, निखारता भी है। दुःख दुःख ही नहीं देता गहरा भी कर जाता है। दुःख में बड़ी गहराई है। सुख में बिल्कुल नहीं है– न कोई लंबाई है, न कोई गहराई है। अगर भगवान् से कुछ माँगना ही है, तो सुख नहीं माँगा जा सकता। ऐसी चीज़, जिसमें न कोई गहराई है और न कोई लंबाई है, जो यूकलिड के बिंदु की भाँति है, सुख। यूकलिड कहता है बिंदु की परिभाषा में, 'प्वाइंट' की परिभाषा में कि न 'लेंथ', न कोई 'ब्रेथ', जिसमें न कोई लंबाई, न कोई चौड़ाई, ऐसी चीज़ बिंदु है। सुख यूकलिड का बिंदु है। यूकलिड का बिंदु भी कहीं होता नहीं। जब हम खींचते हैं कागज पर, तो उसमें लंबाई-चौड़ाई हो जाती है। सुख भी नहीं होता कहीं, जब हम खींचते हैं तब पता चलता है कि नहीं है। जब तक नहीं खिंचा, तब तक है। सुख यूकलिड का बिंदु है।

भक्त माँगता है, दुःख दे दो, जिसमें गहराई हो, जिसमें लंबाई हो, वह दे दो। जो रहे, जो टिके, जो हो, जो मेरे भीतर चला जाए और फैल जाए, जो मेरे साथ रहे, वह दे दो। जो आए तो जाने का नाम न ले, वह दे दो। दुःख माँगकर वह यह सब कह रहा है कि जो आए वह जाए न, वह दे दो। जो आए तो मेरे प्राणों की गहराई तक डूब जाए, वह दे दो। जो आए तो मैं उथला न रह जाऊँ, लंबा और गहरा हो जाऊँ, वह दे दो। इस दुःख शब्द में वह यह सब कह रहा है।

और फिर, आख़िरी बात, जिन्हें हम प्रेम करते हैं, उनसे मिले सुख में भी कोई आनंद नहीं है। दुःख का अपना आनंद है, यह कभी ख़याल में आया आपको? पीड़ा का अपना सुख है, पीड़ा का अपना रस है, 'मैसोचिस्ट' नहीं। एक आदमी हुआ मैसोच, वह अपने को कोड़े मारकर सताता। तो ऐसे आदमी जो अपने को सताते हैं, 'सेल्फ टार्चर' में लगते हैं, ये 'मैसोचिस्ट' हैं। ये कहते हैं कि हमें अपने को सताने में सुख मिलता है। गांधी को 'मैसोचिस्टों' में गिना जा सकता है। यह जो भक्त कह रहा है कि दुःख दे दो, यह किसी और दुःख की बात कर रहा है, यह उस दुःख की नहीं, जो 'सेल्फ टॉर्चर' है, जो अपने को सताना है, उस दुःख की नहीं। उस दुःख की माँग कर रहा है, जो प्रेम की पीड़ा जिसे हम कहें। प्रेम की बड़ी गहरी पीड़ा है। और इतना दुःख भी नहीं सताता, जितना प्रेम की पीड़ा रोएँ-रोएँ और पोर-पोर में भर जाती है। सब तरफ़ से सब्र टूट जाता है। दुःख तोड़ नहीं पाता, प्रेम तोड़ देता है। दुःख मिटा नहीं पाता, प्रेम मिटा देता है। दुःख में तो आप पीछे बच जाते हैं, प्रेम में आप बचते ही नहीं, खो जाते हैं और विदा हो जाते हैं। ऐसा दुःख दे दो, जिसमें भक्त मिट ही जाए, जिसमें वह बचे ही न। ऐसी मृत्यु दे दो, जिसमें वह खो ही जाए, बचे ही न। इस अर्थ में। और इसीलिए कृष्ण समझाते नहीं, हँसकर रह जाते हैं। कुछ चीज़ें हैं, जो हँसने से ही समझायी जा सकती हैं। जिनको समझाने से नासमझी पैदा हो जाती है। इसलिए हँसकर चुप रह जाते हैं, वे कुछ समझाने नहीं जाते। वे समझ जाते हैं राज़ को कि माँगनेवाला बहुत तरकीब की बात कर रहा है। माँगनेवाला बहुत चालाकी की बात कर रहा है। माँगनेवाला उनको बहुत

झंझट में डाल रहा है। इसलिए हँसकर चुप रह जाते हैं, उसमें समझाने को कुछ है नहीं।

'भगवान्श्री, एक विरोध पैदा हो जाता है। जैसा आपने कृष्ण के संबंध में बंबई में भी कहा और यहाँ भी विषय-प्रवेश के मौक़े पर कहा कि कृष्ण का जीवन अलौकिक, चामत्कारिक, हँसता हुआ, खेलता हुआ, फूलों की तरह खिलता हुआ जीवन रहा है। बाकी जितने भी दूसरे लोग हुए उनका जीवन दुःखवादी जीवन रहा। जैसे, ईसा को कभी किसी ने जीवन में हँसते हुए नहीं देखा। तो भक्त अगर दुःख माँगता है, उदास रहता है, कभी हँसता नहीं है, तो फिर कृष्ण के उस अलौकिक दर्शन की पूर्ति कैसे होती है, यह बात मैं आपसे जानना चाहूँगा?'

जो भक्त दुःख माँगता है, वह दुःखवादी नहीं है। क्योंकि दुःखवादी तो इतने दुःख पैदा कर लेता है कि किसी से माँगने की कोई ज़रूरत नहीं है। दुःखवादी किसी से दुःख माँगने जाता है? दुःखवादी तो इतने दुःख में रहता है कि अब आप उसको और ज़्यादा दे नहीं सकते।

भक्त इसलिए दुःख माँग लेता है कि सुख तो वह खूब पा रहा है, दुःख को भी चखना चाहता है, जिसका बिल्कुल अपरिचय है। भक्त कभी भी दुःखी नहीं है और भक्त अगर रोता भी है तो उसके आँसू आनंद के ही आँसू हैं। भक्त रोया है बहुत, लेकिन उसके आँसू दुःख के नहीं हैं। लेकिन हमें बहुत भूल हो जाती है, क्योंकि हम सिर्फ़ दुःख में ही रोए हैं, हम कभी आनंद में नहीं रोए हैं। इसलिए आँसुओं के साथ हमने दुःख की अनिवार्यता बाँध ली है। लेकिन आँसुओं का कोई संबंध दुःख से नहीं है। आँसुओं का संबंध 'ओवरफ्लोइंग' से है। मन का कोई भाव मन की सीमा के पार हो जाए तो आँसुओं में बहना शुरू हो जाता है, कोई भी भाव। दुःख ज़्यादा हो जाए तो आँसुओं में बहता है, सुख ज़्यादा हो जाए तो आँसुओं में बहता है, प्रेम ज़्यादा हो जाए तो आँसुओं में बहता है, क्रोध ज़्यादा हो जाए तो आँसुओं में

बहता है। लेकिन चूँकि हमने दुःख के ही आँसू देखे हैं– वही ज़्यादा हुआ है, आनंद कभी इतना हुआ नहीं कि आँसुओं में बह जाए, इसलिए हमने आँसुओं का 'एसोसिएशन' दुःख से बना रखा है। दुःख का आँसुओं से कोई संबंध नहीं है, आँसुओं का संबंध 'ओवरफ्लोइंग' से है। जो हमारे भीतर ज़्यादा हो जाता है, वह आँसुओं में बह जाता है।

भक्त भी रोता है, प्रेमी भी रोता है, आनंद में ही रोता है। और यह जो आनंद की पीड़ा है, यह जो आनंद का दंश है, यह जो आनंद के काँटे की चुभन है, यह जो आनंद के आँसू हैं, इनका दुःखवाद से कोई भी संबंध नहीं है।

'आपने भक्त और भगवान् की बात कही और कृष्ण को भगवान् कहा, तो मुझे प्रश्न याद आया कि क्या कृष्ण भक्त थे? थे तो किसके भक्त थे? अगर नहीं थे तो फिर भक्ति की इतनी महिमा क्यों गाई?'

इस संबंध में थोड़ी-सी बात पीछे हुई है, लेकिन हमें समझ में नहीं आती है, इसलिए फिर दूसरी तरह से लौट आती है। मैंने प्रार्थना के संबंध में जो कहा, वह थोड़ा ख़याल में लेंगे तो समझ में आ जाएगा। जैसा मैंने कहा कि 'प्रेयर' नहीं, 'प्रेयरफुलनेस'। ऐसा भक्ति का मतलब, किसी की भक्ति नहीं होती, भक्ति का मतलब है, 'डिवोशनल एटीच्यूड'। भक्ति का मतलब है, भक्त का भाव। उसके लिए भगवान् होना ज़रूरी नहीं है। भक्ति भगवान् के बिना हो सकती है। सच तो यह है कि भगवान् कहीं भी नहीं है, भक्ति के कारण पैदा हुआ है। भगवान् के कारण भक्ति है, ऐसा नहीं, भक्त के कारण भगवान् दिखायी पड़ना शुरू हुआ है। जिन लोगों का हृदय भक्ति से भरा है, उन्हें यह जगत् भगवान् हो जाता है। जिनका हृदय भक्ति से नहीं भरा है, वे पूछते हैं भगवान् कहाँ है? वे पूछेंगे। और उन्हें बताया नहीं जा सकता, क्योंकि वह भक्त के हृदय से देखा गया जगत् है। वह भक्ति के मार्ग में देखा गया जगत् है।

जगत् भगवान् नहीं है, भक्तिपूर्ण हृदय जगत् को भगवान् की तरह देख पाता है। जगत् पत्थर भी नहीं है, पत्थर की तरह हृदय जगत् को पत्थर की तरह देख पाता है। जगत् में जो हम देख रहे हैं, वह 'प्रोजेक्शन' है, वह हमारे भीतर जो है उसका प्रतिफलन है। जगत् में हमें वही दिखायी पड़ता है, जो हम हैं। अगर भीतर भक्ति का भाव गहरा हुआ, तो जगत् भगवान् हो जाता है। फिर ऐसा नहीं है कि भगवान् कहीं बैठा होता है किसी मंदिर में, नहीं फिर जो होता है, वह भगवान् ही होता है।

कृष्ण भक्त हैं, और भगवान् भी हैं। और जो भी भक्ति से प्रवेश करेगा, वह भक्त से शुरू होगा और भगवान् पर पूरा हो जाएगा। एक दिन जब वह बाहर भगवान् को देख लेगा, तो उसने खुद ऐसा क्या कसूर किया है कि उसे भीतर भगवान् नहीं दिखायी पड़ेंगे? भक्त शुरू होता है भक्त की तरह, पूरा होता है भगवान् की तरह। यात्रा शुरू करता है जगत् को देखने की और देखता है उसे, जो जगत् में है, भक्तिपूर्ण हृदय से, 'डिवोशनल माइंड' से 'प्रेयरफुल', भक्तिपूर्ण, भावपूर्ण, प्रार्थनापूर्ण मन से देखता है जगत् को। फिर धीरे-धीरे अपने को भी उसी तरह देख पाता है, कोई उपाय नहीं रह जाता है। फिर ऐसा भी हो जाता है, जैसा रामकृष्ण का एक बार हुआ। बहुत मज़े की घटना है।

रामकृष्ण को एक मंदिर में पुरोहित की तरह रखा गया था, दक्षिणेश्वर में। बहुत सस्ती नौकरी थी, शायद सोलह रुपए महीने की नौकरी थी। पुजारी की तरह रखा था उनको, लेकिन दस-पाँच दिन में ही तकलीफ़ शुरू हो गयी, क्योंकि ट्रस्टियों को ख़बर मिली कि यह आदमी तो ठीक नहीं मालूम होता। भगवान् को जो भोग लगाता है, पहले खुद चख लेता है। और भगवान् पर जो फूल चढ़ाता है, सूँघ लेता हैं तो छिपकर ट्रस्टियों ने उनको पकड़ लिया और कहा, 'यह क्या कर रहे हो? यह कोई ढंग है भक्ति का?' रामकृष्ण ने कहा, 'भक्ति का ढंग होता है, यह कभी सुना नहीं। भक्त देखे हैं, भक्त सुने हैं, भक्ति का कोई ढंग होता है! कोई ढाँचा, कोई 'डिसिप्लिन' होती है?' उन्होंने कहा, 'निकाल बाहर करेंगे। कहीं सूँघा हुआ फूल भगवान् को चढ़ाया जा सकता है?' रामकृष्ण ने कहा, 'बिना सूँघे चढ़ा कैसे सकता

हूँ? पता नहीं सुगंध हो भी या न हो?' ट्रस्टियों ने कहा, 'बिना भगवान् को प्रसाद लगाए तुम खुद कैसे खा लेते हो?' रामकृष्ण ने कहा, 'मेरी माँ तुझे खिलाती थी तो पहले चख लेती थी। मैं बिना चखे नहीं चढ़ा सकता। नौकरी तुम सम्हालो। अन्यथा मुझे यहाँ रखना है, तो मैं चखूँगा, फिर चढ़ाऊँगा। पता नहीं खाने-योग्य हो भी या न हो।'

अब यह जो आदमी है, यह आदमी बाहरी भगवान् को कैसे देख पाएगा? बहुत जल्दी वह वक़्त आ जाएगा, यह कहेगा कि भीतर भी भगवान् है। तो भक्त से तो शुरू होती है यात्रा, भगवान् पर पूरी होती है। ऐसा नहीं है कि बाहर कहीं किसी भगवान् पर पूरी होती है, अंततः सारी दुनिया की यात्रा करके हम अपने घर लौट आते हैं और पाते हैं, जिसे हम खोजने गए थे, वह घर में बैठा हुआ है।

कृष्ण दोनों हैं। तुम भी दोनों हो, सभी दोनों हैं। लेकिन भगवान् से शुरू नहीं कर सकते हो तुम। भक्त से ही शुरू करना पड़ेगा। क्योंकि अगर तुमने यह कहा कि मैं भगवान् हूँ, तो खतरा है। ऐसे कई लोग ख़तरा पैदा करते हैं, जो भगवान् से शुरू कर देते हैं, वह कहते हैं, मैं भगवान् हूँ। उनके भीतर भक्ति का तो कोई भाव नहीं, इसलिए भगवान् की घोषणा तो कर देते हैं, तब ऐसे लोग अहंकेंद्रित होकर, 'इगोसेंट्रिक' होकर दूसरों को भक्त बनाने की कोशिश में लग जाते हैं। क्योंकि उनके भगवान् के लिए भक्तों की ज़रूरत है। पर वे दूसरे में भगवान् नहीं देख पाते। अपने में भगवान् देखते हैं, दूसरे में भक्त देखते हैं। ऐसे 'गुरुडम' के बहुत घेरे हैं सारी दुनिया में। यात्रा शुरू करनी पड़ेगी भक्ति से।

अब कृष्ण को भगवान् माना जा सकता है, क्योंकि आदमी घोड़े तक की भक्ति कर सकता है। साँझ को जब घोड़े थक जाते हैं तो उन्हें ले जाता है नदी पर स्नान कराने। उनको नहलाता है, उनको खुर से साफ़ करता है। यह आदमी भगवान् होने की हैसियत रखता है। क्योंकि घोड़े को भी भगवान् की तरह स्नान करवा सकता है। इस आदमी में डर नहीं है, इससे ख़तरा नहीं है। यह अगर भगवान् की अकड़वाला आदमी होता तो सारथी की जगह बैठ नहीं सकता। अर्जुन से कहता, बैठो नीचे, बैठने दो ऊपर! रहा मैं

भगवान्, तुम हो भक्त! भगवान् बैठेंगे रथ में, भक्त चलाएगा। जो अपने को भगवान् घोषित करते हैं, ज़रा उन्हें तख़्त के नीचे बिठाकर आप तख़्त पर बैठकर देखिए, तब पता चलेगा!

भक्त से शुरू होगी यात्रा, भगवान् पर पूरी होती है।

'हमारी कृष्ण-प्रेम की चरम सीमा की कसौटी क्या होगी?'

जैसा मैंने कहा, भक्ति का कोई ढंग नहीं होता, प्रेम की कोई कसौटी नहीं होती। प्रेम हो तो काफ़ी है, कसौटी की क्यों फ़िक्र करते हैं। प्रेम नहीं होता तो आदमी कसौटी की फ़िक्र करता है। आप प्रेम की फ़िक्र करें। कसौटी की क्या ज़रूरत है? प्रेम नहीं है, इसलिए सोचते हैं कि कसौटी मिल जाए तो जाँच कर लें। लेकिन नहीं है तो जाँच करने की ज़रूरत क्या है? पता है कि नहीं है। प्रेम है, इसकी फ़िक्र करें। और जब प्रेम होता है तो सच्चा ही होता है, झूठा कोई प्रेम होता नहीं। झूठा प्रेम ग़लत शब्द है। या तो होता है, या नहीं होता है। इसलिए कसौटी की कोई ज़रूरत नहीं है। हाँ, सोने को जाँचने के लिए कसौटी की ज़रूरत पड़ती है, क्योंकि ग़लत सोना होता है। प्रेम तो झूठा होता ही नहीं। होता है, या नहीं होता। और जब होता है तब आप उसी भाँति जानते हैं जैसा पैर में काँटा गड़ता है तब जानते हैं। क्या कसौटी होगी? पैर में काँटा गड़ा है, पैर में दर्द हो रहा है, क्या कसौटी है कि दर्द हो रहा है कि नहीं हो रहा है? आपको तो पता ही होगा कि दर्द हो रहा है या नहीं हो रहा है। हाँ, अगर दूसरा कोई कहता हो कि क्या कसौटी है, तो उसके पैर में भी काँटा गड़ाने के सिवाय और क्या उपाय है? उसके पैर में भी एक काँटा गड़ा दें और कहें कि देखो हो रहा है कि नहीं हो रहा है? प्रेम जब घटित होता है तो हम जानते हैं उसी तरह, जैसे हम और सब जानते हैं। जब प्रेम घटित नहीं होता है तब भी हम जानते हैं कि पैर में काँटा नहीं है। अपने भीतर देखें, पहचानने में कठिनाई न आएगी। जान सकेंगे कि मेरी ज़िंदगी में प्रेम है या नहीं है। नहीं है, तो कसौटी का क्या करिएगा? है, तो कसौटी बेकार है। कसौटी का कोई संबंध नहीं है। प्रेम की

फ़िक्र करें, है या नहीं।

लेकिन हम डरते हैं फ़िक्र करने से। भीतर झाँकने से डरते हैं, क्योंकि हमें भली-भाँति पता है कि प्रेम नहीं है। इसलिए हम भीतर देखते ही नहीं हैं। इसलिए हम अक्सर दूसरे की फ़िक्र करते हैं कि दूसरे का प्रेम मेरी तरफ़ है या नहीं? शायद ही कोई कभी पूछता हो कि मेरा प्रेम दूसरे की तरफ़ है या नहीं। वे लड़ते हैं दिन-रात कि दूसरा कम प्रेम करता है, पति कम प्रेम करता है, पत्नी कम प्रेम करती है, बेटा कम प्रेम करता है, बाप कम प्रेम करता है, सब लड़ रहे हैं दूसरे से कि दूसरा कम प्रेम करता है। और कोई भी यह नहीं पूछता कि मैंने प्रेम किया है? और जब हम जीवित चारों तरफ़ फैले हुए व्यक्तियों को भी प्रेम नहीं कर पाते हैं, जब हम दिखायी पड़नेवाले फूलों को प्रेम नहीं कर पाते हैं, जब चारों ओर खड़े हुए पर्वतों को प्रेम नहीं कर पाते हैं, आकाश के चाँद-तारों को प्रेम नहीं कर पाते हैं, तो हम अदृश्य को कैसे प्रेम कर पाएँगे? इस दृश्य से शुरू करें।

और बड़े मज़े की बात है कि जो आदमी दृश्य को प्रेम करता है, वह दृश्य के भीतर तत्काल अदृश्य को अनुभव करने लगता है। पत्थर को प्रेम करें और पत्थर परमात्मा हो जाता है। फूल को प्रेम करें और अदृश्य फूल की प्राण-ऊर्जा दिखायी पड़नी शुरू हो जाती है। व्यक्ति को प्रेम करें और तत्काल शरीर मिट जाता है और आत्मा शुरू हो जाती है। प्रेम कीमिया है अदृश्य को खोजने का। प्रेम रासायनिक विधि है, रासायनिक दृश्य है, रासायनिक झरोखा है अदृश्य को खोज लेने का। प्रेम की फ़िक्र करें, फिर कभी फ़िक्र नहीं करनी पड़ेगी कि किस कसौटी पर तोलें। और यह कभी मत पूछें कि प्रेम की चरम अवस्था क्या है? प्रेम जब भी होता है, चरम ही होता है। प्रेम की दूसरी कोई अवस्था होती ही नहीं। प्रेम की 'डिग्रीज' नहीं होतीं।

यह थोड़ा समझ लेना उचित होगा।

ऐसा नहीं होता कि मैं कहूँ कि मुझे आपसे थोड़ा-थोड़ा प्रेम है। यह होता ही नहीं। थोड़ा-थोड़ा प्रेम का कोई मतलब होता है? मैं कहूँ कि ज़रा अभी आपसे थोड़ा कम प्रेम है। ऐसा नहीं होता। जैसे कोई आदमी दो पैसे की चोरी करे और कोई आदमी दो लाख की चोरी करे, तो दो लाख की

चोरी करें, तो दो लाख की चोरी बड़ी चोरी है और दो पैसे की चोरी छोटी चोरी है, ऐसा कहिएगा? हाँ, जो लोग पैसे का हिसाब रखते हैं वे कहेंगे कि दो लाख की चोरी बड़ी चोरी होगी और दो पैसे की चोरी छोटी हुई। चोरों में कोई 'डिग्रीज' नहीं होतीं, कम और ज़्यादा नहीं होतीं। दो पैसे चुराते वक़्त आदमी उतना ही चोर होता है, जितना दो लाख चुराते वक़्त चोर होता है।

प्रेम न दो पैसे का होता है, न दो लाख का होता है, बस होता है। चरम कोई अवस्था नहीं होती, प्रेम चरम ही होता है। प्रेम जो है वह 'क्लाइमैक्स' ही है! वह हमेशा सौ डिग्री पर ही होता है। जैसे कि पानी गरम होता है तो ऐसा नहीं होता है कि नब्बे डिग्री पर थोड़ा-सा भाप हो, फिर, और पंचानवे डिग्री पर थोड़ी ज़्यादा भाप हो जाए। नहीं, सौ डिग्री पर ही भाप होती है। सौ डिग्री पर बस एकदम भाप होने लगती है। तो अगर कोई पूछे कि भाप बनने का चरम बिंदु क्या है? तो हम कहेंगे, जो प्रथम बिंदु है, वही चरम भी है। जो पहला बिंदु है, वही आख़िरी भी। सौ डिग्री पहला है और सौ डिग्री आख़िरी है। प्रेम भी प्रथम और अंतिम एक ही है, 'द फर्स्ट एंड द लास्ट'। प्रेम में कोई अंतर नहीं है। प्रेम चरम ही है। उसका पहला क़दम ही आख़िरी क़दम है। उसकी मंज़िल की पहली सीढ़ी ही मंदिर की आख़िरी सीढ़ी है। मगर हमें पता ही नहीं, इसलिए हम अजीब सवाल पूछते हैं। अभी तक मैंने प्रेम के संबंध में ठीक सवाल किसी आदमी को पूछते नहीं देखा। मुझे ख़याल आती है एक घटना।

एक बहुत बड़ा करोड़पति मार्गन अपने एक विरोधी करोड़पति के साथ बातचीत कर रहा है। तो उसने अपने विरोधी करोड़पति से, जो उसका प्रतियोगी था, कहा कि दुनिया में हज़ार ढंग हैं धन कमाने के, लेकिन ईमानदारी का ढंग एक ही है। उसके विरोधी ने कहा, 'वह कौन-सा ढंग है?' मार्गन ने कहा, 'मैं जानता था कि तुम पूछोगे, क्योंकि तुमको उसका पता नहीं है।'

ऐसा ही मामला प्रेम का है। प्रेम के बाबत हम ऐसे सवाल पूछते हैं, जोकि बनते ही नहीं, जोकि होते ही नहीं, 'इर्रेलिवेंट'। क्योंकि मुझे पता है कि हम पूछेंगे, क्योंकि प्रेम भर एक चीज़ है, जिसका हमें कोई पता नहीं है। उसके संबंध में हम ग़लत ही पूछ सकते हैं। और ध्यान रहे, जिसे उसका

पता है, वह ठीक नहीं पूछ सकता, क्योंकि पूछने का कोई सवाल नहीं है, वह जानता है।

'भगवान्श्री, महाभारत संग्राम में कृष्ण अर्जुन को युद्ध में प्रवृत्त करते हैं! मगर एक दफ़ा, ऐसा सुना जाता है, कि कृष्ण अर्जुन से संग्राम करने गए थे। वह क्या बात थी?'

असल में कृष्ण जैसे व्यक्ति न तो किसी के मित्र हैं और न किसी के शत्रु हैं। कृष्ण की कोई निश्चित धारणा किसी के बाबत नहीं है। इसलिए शत्रु मित्र हो सकता है, मित्र शत्रु हो सकता है। स्थितियाँ तय करेंगी। 'सिचुएशंस' तय करेंगी। हम और तरह से जीते हैं। हम किसी के मित्र होते हैं, किसी के शत्रु होते हैं। फिर परिस्थितियाँ बदल जाती हैं, तो बड़ी मुश्किल होती है। फिर भी हम मित्र और शत्रु को खींचने की कोशिश करते हैं। कृष्ण कुछ भी खींचते नहीं। जैसी स्थिति हो। अगर अर्जुन भी लड़ने को सामने पड़ जाए, तो कृष्ण-अर्जुन युद्ध हो जाएगा। इसमें कोई अड़चन नहीं आएगी। उसी मौज से अर्जुन से भी लड़ लेंगे। जिस मौज से अर्जुन के लिए लड़ते हैं, उस मौज से अर्जुन से भी लड़ा जा सकता है।

असल में कृष्ण मित्रता और शत्रुता को 'फिक्स्ड प्वाइंट' नहीं बनाते। वे कोई सुनिश्चित चीज़ें नहीं हैं, वे तरलताएँ हैं। और ज़िंदगी की तरलता में कहाँ तय किया जा सकता है, कौन मित्र है और कौन शत्रु है? जो आज मित्र है, वह कल शत्रु हो सकता है, जो आज शत्रु है, वह कल मित्र हो सकता है। इसलिए मित्र के साथ भी कल की शत्रुता को ध्यान में रखकर चलना उचित है और शत्रु के साथ भी कल की मित्रता को ध्यान में रखकर व्यवहार करना उचित है। क्योंकि कल का कोई भरोसा नहीं। क्षण का कोई भरोसा नहीं? क्षण बदला और सब बदल जाएगा। ज़िंदगी पूरे वक़्त बदलता हुआ 'पैटर्न' है। जैसे धूप पड़ रही है अभी, छायाएँ पड़ रही हैं ज़मीन पर। कहीं छाया है, कहीं धूप है। घड़ी-भर बाद धूप कहीं और होगी, छाया कहीं और होगी। सब बदलता रहेगा, साँझ तक बैठे देखते रहें इस बगिया को, सब

बदलता रहेगा-धूप बदलेगी, छाया बदलेगी, बदलियाँ आएँगी-जाएँगी, दिन निकलेगा, साँझ होगी, रात होगी, प्रकाश होगा, अँधेरा हो जाएगा। यह सब होता रहेगा। पूरी ज़िंदगी भी इसी तरह बदलता हुआ 'पैटर्न' है। वहाँ कोई चीज़ शतरंज के खाँचों की तरह तय नहीं है। वहाँ धूप-छाया की तरह सब बदलता हुआ है।

इसलिए हम कभी सोच भी नहीं सकते, हम कभी यह सोच नहीं सकते कि अर्जुन और कृष्ण कैसे आमने-सामने हो सकते हैं? अर्जुन और कृष्ण ही हो सकते हैं। कृष्ण मित्र के सामने भी हो सकते हैं, और ऐसे तो पूरा महाभारत ही बड़े मज़े का है! उसमें सब मित्र आमने-सामने खड़े हैं? उसने, जिन द्रोण से सीखा है अर्जुन ने सब, उन्हीं पर तीर खींचे खड़ा है। जिन भीष्म से पाया है बहुत कुछ, उन्हीं को मारने के लिए तत्पर है। महाभारत ऐसे बड़ा अद्‌भुत है। वह बता रहा है कि ज़िंदगी में कुछ तय नहीं है, सब बदलता हुआ है। जो कल भाई थे, आज शत्रु हैं। जो कल मित्र थे, आज सामने खड़े हैं। जो कल गुरु थे, आज उनसे लड़ना पड़ रहा है। लेकिन इससे भी, इससे दोनों बातें साफ़ हैं। दिन-भर लड़ते भी हैं, साँझ उनकी कुशल-क्षेम भी पूछ आते हैं। दिन-भर लड़ते भी हैं, साँझ जाकर पूछ भी आते हैं कि किसी को चोट तो नहीं लग गयी? जिनको दिन-भर चोट मारी, जिनसे दिन-भर दिल खोलकर लड़े हैं- उस लड़ाई में कोई 'डिसऑनिस्टी' नहीं है, लड़ाई बिल्कुल 'ऑनेस्ट' है, लड़ाई बिल्कुल ईमानदारी से भरी हुई है, उस लड़ाई में ज़रा धोखा नहीं है, अगर भीष्म सामने पड़ेंगे तो गर्दन उतारने में देर न की जाएगी-लेकिन साँझ को दुःख मनाने में भी कोई बाधा नहीं है कि भीष्म जैसा आदमी खो गया। यह बहुत अजीब है। इससे यह सूचना मिलती है कि एक युग था, जब हम मित्रतापूर्ण ढंग से लड़ भी सकते थे। आज पूरा युग उल्टा है, आज हम शत्रुतापूर्ण ढंग से मित्र ही हो पाते है। मित्रतापूर्ण ढंग से युद्ध भी हो सकता था, आज तो मित्रता भी शत्रुतापूर्ण ढंग से ही चलती है। आज तो मित्र भी प्रतियोगी है। तब शत्रु भी साथी था।

और ज़िंदगी के बड़े अर्थों में सोचने जैसा है। यह सोचने जैसा है कि अगर मेरा कोई शत्रु है, तो शत्रु के मरने के साथ मेरे भीतर भी कुछ

मर जाता है। शत्रु ही नहीं मरता, मैं भी कुछ मरता हूँ। शत्रु के होने के साथ मेरा होना भी है। मित्र के मरने के साथ ही मेरे भीतर से कुछ खोता हो, ऐसा नहीं है, शत्रु के खोने के साथ भी मेरे भीतर से कुछ खो जाता है। तो शत्रु भी मेरे व्यक्तित्व का हिस्सा है। इसलिए शत्रु के प्रति भी बहुत शत्रुतापूर्ण होने का अर्थ नहीं है। शत्रु भी किसी गहरे अर्थों में मित्र है। और मित्र भी किसी गहरे अर्थों में शत्रु है। क्यों? क्योंकि असल में जैसा कि मैं निरंतर इन पिछले दिनों में आपसे कहा हूँ, ज़िंदगी में जिनको हम 'पोलेरिटीज' में बाँटते हैं, ध्रुव बना देते हैं, वे हमारे शब्दों और सिद्धांतों में ही सत्य हैं। ज़िंदगी के सीधे गहराई में कोई 'पोलेरिटीज' सत्य नहीं है, सब 'पोलेरिटीज' जुड़ी हुई हैं। उत्तर और दक्षिण जुड़े हुए हैं। ऊपर और नीचे जुड़ा हुआ है।

ऐसा अगर हम देख पाएँ, तो फिर कृष्ण का अर्जुन से युद्ध समझ में आ सकता है। ऐसे कृष्ण को समझानेवालों को नहीं समझ में आया है, बहुत मुश्किल पड़ी है, बहुत मुश्किल पड़ती रही है, क्योंकि जब भी हम समझाने जाते हैं तब हमारी धारणाएँ बीच में खड़ी हो जाती हैं, और वे कहती हैं, यह भी क्या बात है, यह कैसी बात है, यह नहीं होनी चाहिए। हम मानते हैं कि मित्र को मित्र ही होना चाहिए, शत्रु को शत्रु ही होना चाहिए। हम ज़िंदगी को फाँकों में बाँटते हैं और उनको स्थिर कर देते हैं। ज़िंदगी नदी की भाँति तरल है। जो लहर यहाँ थी, वह लहर अब बहुत दूर है। जो लहर कल साँझ थी, आज बहुत दूर हट गई है। और इस पूरे ज़िंदगी के रास्ते पर कौन हमारे साथ है, यह क्षणभर की बात है! क्षणभर बाद साथ होगा कि नहीं होगा, नहीं कहा जा सकता। कौन आज विरोध में खड़ा है, क्षणभर बाद विरोध में खड़ा होगा, नहीं खड़ा होगा, नहीं कहा जा सकता। जो इस ज़िंदगी को नदी-धार की तरह जीते हैं, वे न शत्रु बनाते, न मित्र बनाते। जो शत्रु बन जाता है, उसे शत्रु मान लेते हैं, जो मित्र बन जाता है, उसे मित्र मान लेते हैं। वे कुछ बनाते नहीं, ज़िंदगी में से गुज़रते हैं। जो भी जैसा बन जाता है, उसे वैसा ही मान लेते हैं।

कृष्ण के लिए न कोई शत्रु है, न कोई मित्र है। समय, परिस्थिति, अवसर जिसको मित्रता के खेमे में ढकेल देता है, उसके मित्र हो जाते हैं,

जिसको शत्रुता के खेमे ढकेल देता है उसके शत्रु हो जाते हैं। फ़ौजें कृष्ण की लड़ रही हैं कौरवों की तरफ़ से, कृष्ण लड़ रहे हैं पांडवों की तरफ़ से। विभाजन कर लिया है दोनों ने, क्योंकि दोनों ही ऐसे कृष्ण को मित्र मानते थे। और दोनों ही साथ पहुँच गए थे। दोनों ही साथ पहुँच गए थे, और दोनों को खुली छूट दे दी थी– अब यह बड़े मज़े की बात है–दोनों को छूट दे दी थी कि जो तुम्हें माँगना हो, क्योंकि दोनों ही साथ आ गए हो, दोनों ही अपने हो, तो एक तरफ़ से मैं लड़ लूँगा, एक तरफ़ से मेरी फ़ौजें लड़ लेंगी।

'वह यह भी तो कह सकते थे कि दोनों मेरे मित्र हो, इसलिए मैं किसी की भी तरफ़ से नहीं लड़ूँगा?'

ऐसा वह इसलिए नहीं कह सकते थे कि वह जो महाभारत की घटना घटनेवाली थी, वह इतनी विराट् थी कि उसमें कृष्ण का होना एकदम ज़रूरी था–उनके बिना शायद वह घट भी नहीं सकती थी। और मित्र से अगर वे कहते कि मैं दोनों के बाहर रहा जाता हूँ, अगर वह भारतीय विदेश नीति अख़्तियार करते 'न्यूट्रलिटी' की, तटस्थता की और वे कहते मैं दोनों तरफ़ नहीं हूँ, तो वह बेईमानी होती, क्योंकि ज़िंदगी में तटस्थता होती ही नहीं। उसमें किसी तरफ़ हम होते ही हैं। ज़िंदगी में तटस्थता होती ही नहीं। तटस्थता सिर्फ़ आंतरिक भाव हो सकती है, ज़िंदगी में होती नहीं है, ज़िंदगी में हम किसी तरफ़ होते ही हैं। इस तरफ़ या उस तरफ़। दिखावा हो सकता है तटस्थता का। दिखावा वे कर सकते थे। लेकिन दिखावे का कोई मतलब न था। और दोनों ही मित्र सहायता माँगने आए थे, तटस्थता माँगने नहीं आए थे। यह कहने आए थे कि हमें साथ दो। उत्तर साथ के लिए देना था। दोनों का साथ न देने का मतलब यह न होता कि दोनों के मित्र हैं, दोनों का साथ न देने का मतलब होता कि दोनों से कोई मतलब नहीं है, दोनों के मित्र नहीं हैं। तटस्थता का तभी मतलब होता है। तटस्थता का मतलब है, हम उदास हैं। उदासीन, हमें मतलब नहीं है कौन जीतता है, कौन हारता है। कोई प्रयोजन नहीं तुमसे।

कृष्ण निष्प्रयोजन नहीं हैं। कृष्ण मित्र दोनों के हैं, लेकिन चाहते यही हैं कि पांडव जीतें इसलिए कि उन्हें लगता है कि पांडव धर्म के पक्ष में हैं और कौरव अधर्म के पक्ष में हैं। लेकिन मित्र दोनों के हैं– वे जो अधर्मी हैं, वे भी उनके प्रति मित्रतापूर्ण हैं। कृष्ण से उनकी कोई शत्रुता नहीं है। कृष्ण के प्रति उनका सद्भाव है। कृष्ण को वे भी चाहते हैं। और उस ज़माने में बहुत सीधे, साफ़-सुथरे हिसाब होते थे। सभी बँट जाते थे। छोटी लड़ाई होती तो सभी बँट जाते थे। साफ़ निर्णय हो जाता था। ज़्यादा देर खींचने-तानने की ज़रूरत नहीं होती थी 'पोलेरिटीज' साफ़ हो जाती थीं तो जल्दी निर्णय हो जाता था और निर्णायक हो जाता था।

तो कृष्ण उपेक्षा से नहीं भरे हैं, अपेक्षा उनकी है। उदासीन वे नहीं हैं, इसलिए तटस्थ नहीं हो सकते। दोनों बराबर नहीं हैं उन्हें, लेकिन फिर भी दोनों की तरफ़ से मित्रता है। इसलिए बँटने को वे तैयार हैं। और इतना भी वे जानते हैं कि बँटवारा बहुत कुछ निर्णय करेगा, इसलिए बँटवारे का जो नियम उन्होंने चुना, वह बहुत अद्भुत है, बहुत गणित का है। उन्होंने कहा यह कि एक तो मुझे चुन लो, मुझे अकेले को, और एक मेरी सारी फ़ौजों को चुन लो। इस बँटवारे से कृष्ण को बहुत साफ़ हो गया कि धर्म का पक्ष किसका है। इससे बहुत साफ़ हो गया मामला। क्योंकि कृष्ण को अकेले को कौन चुनेगा? जो हारने की तैयारी रखते हैं, वही न! कृष्ण को अकेला कौन चुनेगा? जिसको पौद्गलिक शक्ति पर नहीं, आत्मिक शक्ति का भरोसा है, वह कृष्ण को चुन लेगा। कौरव तो बड़े प्रसन्न हुए। डर गए थे बहुत, क्योंकि पहला चुनाव पांडवों को दिया गया था। क्योंकि पांडव बैठ गए हैं नीचे, पांडवों का प्रतिनिधि बैठ गया है पैरों में, कौरवों का प्रतिनिधि बैठ गया है कृष्ण के सिर के पास– वह सोये हैं। दोनों गए हैं, तो जाग जाएँ तब तक प्रतीक्षा करनी है। पांडवों का प्रतिनिधि बैठा है पैरों के पास। वह भी सूचक था। कौरवों का प्रतिनिधि बैठा है सिर के पास। पैर के पास कौरव कैसे बैठ सकते हैं! पैर के पास तो वही बैठ सकता है, जो विनम्र हो।

ये सब बहुत छोटी-छोटी बातें बड़ी सूचक बन जाती हैं। ज़िंदगी में वही करते हैं, जो हम हैं। यह आकस्मिक नहीं है। यह इतनी-सी घटना भी

कि कौरवों का बैठना सिर के पास पांडवों का बैठना पैर के पास 'एक्सिडेंटल' नहीं है। इसलिए आँख स्वभावतः जो पैर के पास बैठे हैं, उन पर पहले पड़ी। इसलिए चुनाव का पहला मौक़ा उन्हें दिया। निश्चित ही जो विनम्र है, वे पहले जीतेंगे। पहला मौक़ा उनका होगा। 'ब्लेसेड आर दॅ मीक, दे शैल इनहेरिट दॅ अर्थ', वह जो जीसस कहते हैं, धन्य हैं वे, जो विनम्र हैं, क्योंकि पृथ्वी का राज्य उन्हीं का होगा। तो वे जो विनम्र थे उनके लिए पहला मौक़ा था कि तुम चुनाव कर लो। कौरव तो बहुत डरे और घबराए कि यह तो बड़ी मुश्किल हो गई, क्योंकि उन्होंने पक्का समझा कि कौन चुनेगा कृष्ण को! फ़ौजें हैं विराट् कृष्ण की, वे ही निर्णायक होंगी युद्ध में, वे बहुत घबराए कि यह धोखा हो गया! यह ग़लती हो गयी, यह हमसे भूल हो गयी, हम पैर के पास ही क्यों न बैठ गए! यह पहला मौक़ा पांडवों को दिया गया चुनाव का, इसमें पक्षपात हुआ जा रहा है! क्योंकि निश्चित ही पांडव फ़ौजों को चुन लेंगे और कृष्ण को अकेले को कौन चुनेगा! और हम अकेले कृष्ण का क्या करेंगे? लेकिन वे बड़े प्रसन्न हुए जब उन्होंने देखा कि नासमझ पांडवों ने कृष्ण को चुन लिया और सारी फ़ौजें कौरवों को छोड़ दीं। तब वे बड़े प्रसन्न हुए और उन्होंने माना कि इन नासमझों की हार निश्चित ही है। ये हर बार नासमझी का दाँव लगाए चले जाते हैं, हर बार हारे चले जाते हैं। फिर मौक़ा मिला था जीतने का, वह भी चूक गए। अब जीत निश्चित है अपनी। लेकिन वहीं उनकी हार निश्चित हो गयी थी। पांडवों के चुनाव ने कह दिया था कि चुनाव आत्मिक हो गया है, चुनाव गहरा हो गया है, धर्म का हो गया है और कृष्ण उनके साथ खड़े होकर निर्णायक हो गए हैं।

यह जो मैंने कहा कि पैर के पास बैठ जाना बड़ा महत्त्वपूर्ण हो गया, छोटी घटना मुझे याद आती है, उससे समझ में आ जाएगी।

विवेकानंद हिंदुस्तान से अमेरिका जाते थे। तो उन्होंने शारदा माँ से जाकर आशीर्वाद माँगा और कहा कि मैं अमेरिका जाता हूँ। तो रामकृष्ण की पत्नी शारदा माँ ने कहा कि–रामकृष्ण तो नहीं रहे थे, शारदा ही रह गयी थी, उससे ही पूछा जा सकता था– शारदा ने कहा कि क्या करोगे अमेरिका जाकर? तो उन्होंने कहा कि मैं धर्म का संदेश ले जाऊँगा तो शारदा चौके में

अपना काम करती थी, उसने कहा, वह छुरी पड़ी है सब्ज़ी काटने की, वह उठाकर मुझे दे दो। विवेकानंद ने वह छुरी उठायी और शारदा को दी। शारदा ने कहा, 'जाओ, मेरा आशीर्वाद है।' लेकिन विवेकानंद ने कहा कि छुरी उठाने से इसका क्या संबंध? शारदा ने कहा, 'मैं देखती थी कि छुरी उठाकर तुम कैसे मुझे देते हो?' हममें से किसी ने भी उठाकर दी होती तो डंडी खुद पकड़ी होती, फलक शारदा की तरफ़ किया होता। विवेकानंद ने फलक खुद पकड़ा और डंडी शारदा की तरफ़ की। तो शारदा ने कहा, 'मैं सोचती हूँ कि तुमसे धर्म का संदेश जा सकता है।' साधारणतः कोई भी शायद ही संभावना है इस बात की कि आप फलक पकड़ते। फलक कहीं पकड़ा जाता है छुरी का? पकड़ी तो डंडी ही जाती है, मूठ ही पकड़ी जाती है।

अब यह बिल्कुल 'एक्सिडेंटल' नहीं है। यह विवेकानंद कोई सोच-समझकर 'रेडीमेड' उत्तर भी नहीं ला सकते। यह किसी किताब में लिखा हुआ नहीं कि जब तुम अमेरिका जाओगे, तो शारदा तुमसे पूछेगी तो छुरी ऐसी पकड़ लेना। यह किसी शास्त्र में नहीं लिखा हुआ है। और यह शारदा जैसे व्यक्ति भरोसे के नहीं हैं। ये क्या, अब यह कोई बात थी! यह कोई पता लगाने का ढंग था! यह कोई धर्म की परीक्षा हो सकती थी! लेकिन शारदा ने कहा, 'रहा आशीर्वाद, जाओ। तुम्हारे मन में धर्म है।'

ऐसा उस दिन कृष्ण के पैरों के नीचे बैठे पांडवों ने सूचना दे दी कि धर्म उनकी तरफ़ है, पैरों के पास बैठने की उनकी हिम्मत है। फिर कृष्ण को चुनकर उन्होंने घोषणा कर दी कि हम हारने को तैयार हैं, लेकिन धर्म छोड़ने को तैयार नहीं हैं। हम धर्म के साथ रहकर हार जाएँगे, लेकिन अधर्म के साथ रहकर जीतेंगे नहीं। और धर्म के साथ सिर्फ़ वही हो सकता है, जो हारने को तैयार है। जैसे मैंने कहा, परमात्मा के साथ सिर्फ़ वही हो सकता है, जो दुःख की माँग करता है, जो दुःख को चुन लेता है। धर्म के साथ वही हो सकता है, जो हारने को तैयार है। जो जीतने को आतुर है, हर हालत में वह अधर्म के साथ हो ही जाएगा। क्योंकि अधर्म सुझाव देता है सरल, 'इजी शार्टकट' देता है कि यहाँ से जीत लोगे। धर्म का रास्ता लंबा पड़ जाता है। अधर्म 'शॉर्टकट' से खोजता है, हमेशा। धर्म का रास्ता लंबा पड़

जाता है। धर्म का रास्ता लंबा है, श्रमसाध्य है, 'आरडुअस' है। धर्म के साथ हार भी हो सकती है। धर्म के साथ विनाश भी हो सकता है। लेकिन जो धर्म के साथ विनष्ट होने को तैयार है और हारने को तैयार है, उसकी हार कभी होती नहीं। लेकिन तैयारी वह रखनी होती है।

अधर्म कहता है, वह रही जीत। हाथ बढ़ाओ और मिल जाएगी। अधर्म का रस और आकर्षण उसके आश्वासन में है, उसकी 'प्रॉमिस' में है। वह कहता है कि हाथ बढ़ाया नहीं कि मिला, कहाँ धर्म का रास्ता पकड़ते हो! लंबा है रास्ता! पहाड़ है दुर्गम! पहुँचने का पक्का पता नहीं है, और कौन कब पहुँचा है! यह रहा अधर्म, यह रही पास की व्यवस्था। ज़रा करो और पहुँच जाते हो! अधर्म का आश्वासन सदा जीत का है। उस जीत के आकर्षण में आदमी अधर्म को पकड़ता है। अधर्म को पकड़कर कोई कभी जीतता नहीं। धर्म की चुनौती सदा हार की है। हार के डर को जानते हुए जो धर्म के साथ होता है, वह कभी हारता नहीं। लेकिन ये बड़ी उल्टी बातें हैं, बड़ी 'कांट्राडिक्ट्री' बातें हैं। लेकिन ऐसा ही है।

'भगवान्श्री, आपने कहा, 'ब्लेसेड आर दॅ मीक, फॉर देयर्स इज दि किंग्डॅम ऑफ अर्थ'। लेकिन, 'ब्लेसेड आर दि प्योर इन हॉर्ट, फॉर देयर्स इज दि किंग्डॅम ऑफ हेवन', इस संबंध में आप क्या कहते हैं?'

जीसस का दूसरा वचन भी है कि धन्य हैं वे, जिनके हृदय पवित्र हैं, क्योंकि स्वर्ग का राज्य उन्हीं का होगा। इन दोनों वचनों में थोड़ा-सा फ़र्क है। धन्य हैं वे जो विनम्र हैं, पृथ्वी का राज्य उनका होगा, 'किंग्डॅम ऑफ दॅ अर्थ'। धन्य हैं वे जो पवित्र हैं, स्वर्ग का राज्य उनका होगा, 'किंग्डॅम ऑफ दॅ हेवन'। असल में विनम्रता जो है, वह शुरुआत है, पवित्रता जो है, वह अंत है। 'ह्यूमिलिटी' प्रारंभ है, 'प्योरिटी' उपलब्धि है। जो विनम्र हैं, वे पहली सीढ़ी पर गए। उन्होंने पवित्र होने के लिए द्वार खोला। जो विनम्र नहीं है, वे तो कभी पवित्र नहीं हो सकते। क्योंकि अहंकार से बड़ी और कोई

अपवित्रता नहीं है। जो अहंकार से भरे हैं, वे तो कभी पवित्र नहीं हो सकते, लेकिन जो विनम्र हुए, जिन्होंने अहंकार छोड़ा, जो झुके, समर्पित हुए, उन्होंने पवित्र होने का द्वार खोला लेकिन झुक जाना ही पा लेना नहीं है। आप झुक जाने से सिर्फ़ द्वार बने।

एक आदमी नदी के किनारे खड़ा है, नदी में खड़ा है, पानी नीचे बह रहा है, वह आदमी प्यासा है। वह झुक जाए तो पानी अंजुली में भर सकता है, लेकिन झुकने को वह राज़ी नहीं। वह अकड़कर खड़ा है। वह प्यासा है, पानी पैर के पास से बहा जाता है, लेकिन झुकने को वह राज़ी नहीं। खड़ा रहे प्यासा, नदी नीचे बहती रहेगी। नदी का कोई कसूर नहीं है उसकी प्यास में। उस आदमी की अकड़ ही उसको प्यासा किए हुए है। झुकने की उसकी तैयारी नहीं। वह झुक जाए तो अंजुली में पानी आ जाए। झुकने से शुरुआत होगी। अंजुली में पानी आने का द्वार खुलेगा।

ठीक ऐसे ही जो विनम्र हैं, वे द्वार खोलते हैं अपनी पवित्रता के लिए, और जब वे पवित्र हो जाते हैं– विनम्रता सब तरह से पवित्र हो जाएगी। क्योंकि विनम्रता उन सब चीज़ों को काट देगी, जिनसे आदमी अपवित्र होता है। विनम्र आदमी अहंकारी न रह जाएगा। विनम्र आदमी आक्रामक न रह जाएगा। विनम्र आदमी क्रोधी न रह जाएगा। विनम्र आदमी लोभी न रह जाएगा। विनम्र आदमी कामी न रह जाएगा। असल में इन सबमें आक्रमण ज़रूरी है। तो विनम्रता इन सबके लिए रास्ता नहीं रह जाएगी। विनम्र आदमी क्रोध की जगह क्षमा को उपलब्ध होने लगेगा। विनम्र आदमी आक्रमण की जगह हारने की तैयारी दिखाने लगेगा। विनम्र आदमी परिग्रह की जगह अपरिग्रही होने लगेगा। विनम्र आदमी अपनी घोषणा करने की जगह अँधेरे और छाया में हटने लगेगा, अदृश्य होने लगेगा। जिस दिन यह विनम्रता पूरी हो जाएगी, उस दिन पवित्रता पूरी हो जाएगी। इसलिए दूसरे वचन में जीसस कहते हैं, 'ब्लेसेड आर दि प्योर, दे शैल इनहेरिट दि किंग्डॅम ऑफ गॉड'। वे परमात्मा के राज्य के मालिक हो जाएँगे, जो पवित्र हैं।

एक और वचन है जीसस का इसी तरह का– 'ब्लेसेड आर दॅ पुअर इन स्प्रिट'। वे, जो आत्मा से दरिद्र हैं। बड़ा अजीब वाक्य है– 'पुअर

इन स्प्रिट' उसमें दोनों बातें सम्मिलित हो गयी हैं। उसमें विनम्रता और पवित्रता दोनों ही उस वचन में आ गयीं। इतने ग़रीब हैं हम भीतर–अपवित्र होने के लिए कुछ तो चाहिए? कुछ बचा ही नहीं। 'वैक्यूम' हो गए हैं। इतने ग़रीब हैं भीतर कि कुछ बचा ही नहीं। कुछ तो चाहिए? अविनम्र होने के लिए कुछ तो चाहिए? कुछ तो 'पजेसन' होना चाहिए? कोई मालकियत होनी चाहिए। धन होना चाहिए, पद होना चाहिए, पदवी होना चाहिए, नाम होना चाहिए, यश होना चाहिए कुछ तो होना चाहिए? अपवित्र होने के लिए भी कुछ होना चाहिए–क्रोध होना चाहिए। अब यह बड़े मज़े की बात है कि क्रोध कुछ है, अक्रोध सिर्फ़ अभाव है। अक्रोध कुछ है नहीं। लोभ कुछ है, अलोभ सिर्फ़ 'एब्सेंस' है, अभाव है। हिंसा कुछ है, अहिंसा सिर्फ़ अभाव है। इतना ग़रीब है आदमी भीतर कि न हिंसा है अब उसके पास, न क्रोध है उसके पास, न लोभ, न पद, न प्रतिष्ठा, न नाम, न धन, कुछ भी नहीं है, 'पुअर इन स्प्रिट'। दीन–दरिद्र आत्मा से। लेकिन उसकी समृद्धि का कोई मुकाबला नहीं। इसलिए दूसरे वचन में वे कहते हैं कि सब कुछ का वह मालिक हो जाएगा। जो सबसे ज़्यादा दीन हो गया है, भीतर वह सबका मालिक हो जाएगा, वह सब पा लेगा। सब जो पाने योग्य है, वह सब उसे मिल जाएगा।

जीसस का एक वचन है इसके संदर्भ में, जिसमें वह कहते हैं, 'सीक यी फॅर्स्ट दॅ किंग्डॅम ऑफ गॉड एंड आल एल्स शैल बी एडेड अनटू यू।' पहले तुम परमात्मा के राज्य को खोज लो और फिर सब तुम्हें मिल जाएगा। लेकिन जब उनसे कोई पूछता है, परमात्मा के राज्य को कैसे खोजें? तब वह कहते हैं, विनम्र हो जाओ, पवित्र हो जाओ, दरिद्र हो जाओ, तो परमात्मा का राज्य मिल जाएगा। और जब परमात्मा का राज्य मिल जाएगा, तो 'आल एल्स शैल बी एडेड अनटू यू', और फिर सब, जो भी है, सब तुम्हें मिल जाएगा। उसके पीछे सब चला आएगा। अजीब शर्त है। सब खो दो, तो सब पा लोगे। कुछ भी बचाया तो सब खो दोगे। जो अपने को खोने को राज़ी हैं, वे सब पाने के मालिक हो जाएँगे, जो अपने को बचाने की जिद्द करेंगे, वे सब खो देंगे।

संन्यासी का यही अर्थ है मेरे मन में। जो सब खोने को राज़ी है,

वह सब पाने का अधिकारी हो जाता है।

‘लेकिन वह खोने के बाद पाने की क्यों सोचे?’

हाँ, तुम्हारे सोचने की बात नहीं है। ऐसा होता है। तुम सोचोगी तब तो खो ही न सकोगी। अगर प्रभु का राज्य पाने के लिए विनम्र हुए तब तो विनम्र हुए ही नहीं। वह जो है, आश्वासन नहीं है, ‘कांसीक्वेंस’ है। वह जो दूसरी बात है, वह परिणाम है। वह आपके लिए आश्वासन नहीं है, क्योंकि अगर कोई आदमी कहता है कि मैं सब पाने के लिए सब छोड़ने को राज़ी हूँ, तो छोड़ेगा कैसे? वह तो सब पाने के लिए! कुछ नहीं छोड़ सकता। नहीं, वह जो दूसरा हिस्सा है, वह आश्वासन नहीं है, परिणाम है। ऐसा देखा गया कि जिन्होंने सब छोड़ा, उन्होंने सब पाया है। लेकिन जिन्होंने सब पाना चाहा है, वे कुछ भी नहीं छोड़ सके हैं।

‘उपर्युक्त बातें तो लगता है कि स्थितप्रज्ञ पुरुष में ही संभव हैं। और हमें आपके व्यक्तित्व में वह सब दिखता है। आप अति विनम्र हैं मगर कभी-कभी अति कठोर आलोचक भी हो जाते हैं, तब हमारी दुविधा का पार नहीं रह जाता।’

हाँ, मैं दुविधा को मिटाऊँगा भी नहीं। क्योंकि जो विनम्रता ओढ़ी गई होती है, जो विनम्रता साधी गई होती है, जो विनम्रता लायी गयी होती है, वह सदा विनम्र होती है। लेकिन जो विनम्रता सहज होगी, वह इतनी विनम्र होती है कि अविनम्र होने की भी हिम्मत कर सकती है। वह ‘रिलेटिव’ और ‘कंपेरेटिव’ है। राम के साथ नाम नहीं छोड़ सकते। साधारण बेटे न थे ये दोनों। राम को साधारण बेटा हो भी नहीं सकता। लेकिन सवाल तो राम से तुलना का पड़ेगा इतिहास में। दशरथ बहुत साधारण पिता हैं। दशरथ को कोई जानता भी नहीं अगर राम पैदा न होते। दशरथ का कोई अर्थ भी न होता। राम हुए हैं इसलिए दशरथ का कोई नाम है। छोटे बाप के घर बड़ा बेटा पैदा हो जाता है, तो बाप भी बड़ा हो जाता है और बड़े बाप के घर बड़ा बेटा

भी पैदा हो जाता है, तो छोटा हो जाता है।

संभोग तो आध्यात्मिक ही था। जो पैदा हुए हैं वह आध्यात्मिक से ही पैदा हुए हैं। लेकिन हमारी तौल तो 'रिलेटिव' होगी सदा, 'कंपेरेटिव' होगी, तुलना होगी।

वह कहानी हम सबको पता है कि अकबर ने एक लकीर खींची और दरबार के लोगों से कहा कि बिना छुए इसे छोटा कर दो। और कोई उसे छोटा न कर पाया, और बीरबल ने एक बड़ी लकीर उसके पास खींच दी। उस लकीर को छुआ नहीं और वह लकीर छोटी हो गई। लकीर उतनी ही रही।

लव-कुश जो हैं, हैं, लेकिन राम की लकीर बहुत बड़ी है। उसके नीचे वे एकदम खो जाते हैं। राम की लकीर न होती, तो लव-कुश भी दिखाई पड़ते। इतिहास उनके भी चरण-चिह्नों का स्मरण रखता। लेकिन उनकी ज़रूरत न रही। राम के पीछे आकर उनका कोई अर्थ नहीं।

❛ 'लिबिडो', काम-ऊर्जा का उल्लेख आया है। आध्यात्मिक संभोग की बात भी आई है। इसी कड़ी में एक बड़ा ही नाजुक और स्पष्ट प्रश्न है। बाँसुरी कृष्ण की है, संगीत के मधुर सुर राधा के हैं। नृत्य कृष्ण का है, किंतु उनके चरणों में गति और झंकार राधा की है। ऐसा अभिन्न व्यक्तित्व है कृष्ण और राधा का। तभी तो हम राधाकृष्ण तो कहते हैं, लेकिन विवाहित होते हुए भी रुक्मिणी-कृष्ण कोई नहीं कहता। राधा को कृष्ण से अलग कर दिया जाए तो कृष्ण का जीवन भी औरों की तरह ही उदास-उदास और अधूरा-अधूरा-सा लगने लगेगा। और मज़े की बात यह है कि कृष्ण की अनंत लीलाओं के आधारग्रंथ भागवत में राधा का कहीं नाम नहीं आया है। कोई बात नहीं। लेकिन कृष्ण के जीवन की समग्रता में शक्ति और प्रेमरूप राधा

का क्या भावात्मक या 'सेक्सुअल' संबंध है, इस पर प्रकाश डालने का एकमात्र अधिकारी है, भगवान्श्री, आप-जैसा कृष्ण!'

जो लोग शास्त्रों को खोजते हैं, उनके लिए बड़ी कठिनाई रही है इस बात से कि राधा का कोई उल्लेख ही नहीं है। और तब कुछ ने तो यह भी कहना शुरू कर दिया कि राधा जैसा कोई व्यक्तित्व कभी हुआ नहीं। राधा बाद के युगों के कवियों की कल्पना है। स्वभावत: जो इतिहास में जीते हैं, तथ्यों में जीते हैं, उनके लिए कठिनाई है। राधा का उल्लेख बहुत बाद के ग्रंथों में शुरू होता है। किसी प्राचीन ग्रंथ में राधा का कोई उल्लेख नहीं होता।

मेरी हालत बिल्कुल उल्टी है। मैं मानता हूँ कि राधा का उल्लेख न होने का कुल कारण इतना है कि राधा कृष्ण से इतनी एक और लीन हो गयी कि अलग उल्लेख की कोई ज़रूरत नहीं। जो अलग थे, उनका उल्लेख है। जो अलग न थी और छाया की तरह थी, उसके उल्लेख की कोई ज़रूरत नहीं। उल्लेख करने के लिए भी तो किसी का अलग होना ज़रूरी है। रुक्मिणी अलग है। वह कृष्ण को प्रेम करती हो सकती है, कृष्णमय नहीं। कृष्ण से उसके संबंध हो सकते हैं, कृष्ण में आत्मसात नहीं है। संबंध तो उनके ही होते हें, जो अलग हैं। राधा का कोई संबंध नहीं है कृष्ण से। राधा कृष्ण ही है। इसलिए अगर उसका उल्लेख न किया गया हो, तो मैं मानता हूँ न्याययुक्त है, उल्लेख नहीं किया जाना चाहिए।

तो एक तो यह बात ख़याल में लें, उसके उल्लेख न होने का कारण है। वह छाया की तरह अदृश्य है। इतनी भी अलग नहीं, इतनी भी भिन्न नहीं कि उसे कोई जाने और पहचाने। इतनी भी अलग नहीं, इतनी भी भिन्न नहीं कि कोई उसे नाम भी दे, काई जगह भी दे। इस कारण।

दूसरी बात, यह भी सच है कि राधा के बिना कृष्ण का व्यक्तित्व एकदम अधूरा रह जाएगा। अधूरा इसलिए रह जाएगा कि मैंने कहा कि कृष्ण पूरे पुरुष हैं। इसको थोड़ा समझना पड़ेगा। ऐसे पुरुष बहुत कम हैं जगत् में, जो पूरे पुरुष हैं। इसको थोड़ा समझना पड़ेगा। ऐसे पुरुष बहुत कम हैं जगत् में, जो पूरे पुरुष हों। प्रत्येक पुरुष के भीतर उसका भी स्त्री-अंग होता है।

और प्रत्येक स्त्री के भीतर उसका भी पुरुष-अंग होता है। मनस् को जानने वाले लोग कहते हैं कि प्रत्येक स्त्री के भीतर पुरुष है, प्रत्येक पुरुष के भीतर स्त्री है। जो फ़र्क़ है, वह सिर्फ़ 'डिग्रीज' का, क्रमों का है। जिसे हम पुरुष कहते हैं, वह साठ फीसदी पुरुष है, चालीस प्रतिशत स्त्री है। इसलिए ऐसे भी पुरुष हैं, जो स्त्रैण मालूम पड़ते हैं, और ऐसी भी स्त्रियाँ हैं, जो पुरुष मालूम पड़ती हैं। अगर मात्रा बहुत ज़्यादा है भीतर की स्त्री की, तो पुरुष पर हावी हो जाएगी। अगर पुरुष की मात्रा बहुत ज़्यादा है, तो स्त्री पर हावी हो जाएगी। लेकिन इस अर्थों में भी कृष्ण पूर्ण हैं, जो मैं कह रहा था। वे पूर्ण-पुरुष हैं। उनके भीतर स्त्री का कोई तत्त्व नहीं है। या जैसे मीरा को मैं कहूँगा, वह पूरी स्त्री है। उसके भीतर स्त्री का कोई तत्त्व ही नहीं है। और जब भी कोई पूर्ण पुरुष होगा, तब एक अर्थ अधूरा पड़ जाएगा, उसको पूरी स्त्री ज़रूरी है। अन्यथा वह अधूरा पड़ जाएगा। हाँ, अधूरा पुरुष जी सकता है बिना स्त्री के। उसके भीतर अपनी स्त्री भी है, जिससे काम चलता है। लेकिन कृष्ण जैसा पुरुष, अनिवार्य रूप से उसकी राधा उसके साथ खड़ी हो जाएगी। और उसे पूर्ण स्त्री चाहिए।

अब यह भी बड़े मज़े की बात है कि पूर्ण स्त्री और पूर्ण पुरुष का थोड़ा अर्थ भी हम समझें। और भी उसके अर्थ हैं।

पुरुष की जो गहरी-से-गहरी गहराई है, वह आक्रामक है, 'एग्रेसिव' है। स्त्री की जो गहरी-से-गहरी गहराई है, वह समर्पण की है, 'सरेंडर' की है। कोई भी स्त्री पूरी स्त्री न होने से कभी पूरा समर्पण नहीं कर पाती। कोई भी पुरुष पूरा पुरुष न होने से कभी पूरा आक्रामक नहीं हो पाता। इसलिए दो अधूरे स्त्री और पुरुष जब मिलते हैं, तो निरंतर कलह और संघर्ष चलता है। चलेगा। क्योंकि स्त्री के भीतर कुछ है, जो आक्रामक भी है। वह आक्रमण भी करती है। कुछ है जो समर्पक भी है, वह समर्पण भी करती है। किसी क्षण में वह पुरुष के हाथ भी दबाती है, पैर भी दबाती है, उसके पैर पर सिर भी रखती है। और किसी क्षण में वह बिल्कुल ही विकराल हो जाती है और पुरुष की गर्दन दबाने को उत्सुक हो जाती है। ये दोनों रूप उससे निकलते हैं। पुरुष किसी क्षण बड़ा आक्रामक होता है, बिल्कुल दबा

डालना चाहता है। और किसी क्षण वह बिल्कुल ही दब्बू हो जाता है और स्त्री के पीछे घूमने लगता है। वे दोनों उसके भीतर हैं।

रुक्मिणी का कृष्ण के साथ बहुत गहरा मेल नहीं हो सकता, उसके भीतर पुरुष है। राधा पूरी डूब सकी, वह अकेली निपट स्त्री है। वह समर्पण पूरा हो सका। कृष्ण का किसी ऐसी स्त्री से बहुत गहरा मेल नहीं बन सकता, जिसके भीतर थोड़ा भी पुरुष है। अगर कृष्ण के भीतर थोड़ी भी स्त्री हो तो उससे मेल बन सकता थ। लेकिन कृष्ण के भीतर स्त्री है ही नहीं। वह पूरे ही पुरुष हैं। पूरा समर्पण ही उनसे मिलन बन सकता है। इससे कम वह न माँगेंगे, इससे कम में काम न चलेगा। वह पूरा ही माँग लेंगे। हालाँकि पूरा माँगने का मतलब यह नहीं है कि वह कुछ न देंगे, पूरा माँगकर वह पूरा ही दे देंगे। इसलिए हुआ ऐसा पीछे कि रुक्मिणी छूट गई, जिसका उल्लेख था शास्त्रों में, जो दावेदार थी। और भी दावेदार थीं, वे छूटती चली गयीं। और जो बिल्कुल ग़ैर-दावेदार था, जिसका कोई दावा ही नहीं था, जिसे कृष्ण अपनी है ऐसा भी नहीं कह सकते थे– राधा तो परायी थी, रुक्मिणी तो अपनी थी। रुक्मिणी से संबंध संस्थागत था, विवाह का था। राधा से संबंध प्रेम का था, संस्थागत नहीं था– जिसके ऊपर कोई दावा नहीं किया जा सकता था, जिसके पक्ष में कोई 'कोर्ट' निर्णय न देती कि यह तुम्हारी है, आख़िर में ऐसा हुआ कि वे जो अदालत से जिनके लिए दावा मिल सकता था, वे कृष्ण से 'मेंटीनेंस' माँग सकती थीं, वे खो गयीं, और वह स्त्री धीरे-धीरे प्रगाढ़ होती चली गयी, और वक़्त आया कि रुक्मिणी भूल गयी और कृष्ण के साथ राधा का नाम ही रह गया।

और मज़े की बात है कि राधा ने सब छोड़ा कृष्ण के लिए, लेकिन नाम पीछे न जुड़ा, नाम आगे जुड़ गया। कृष्ण-राधा कोई नहीं कहता, राधा-कृष्ण हम कहते हैं। जो सब समर्पण करता है, वह सब पा लेता है। जो बिल्कुल पीछे खड़ा हो जाता है, वह बिल्कुल आगे हो जाता है।

नहीं, राधा के बिना कृष्ण को हम न सोच पाएँगे। राधा उनकी सारी कमनीयता है। राधा उनका सारा-का-सारा जो भी नाजुक है, वह सब है, जो 'डेलीकेट' है, वह है। राधा उनका गीत भी, उनके नृत्य का घुंघरू भी राधा

उनके भीतर जो भी स्त्रैण है वह सब है। क्योंकि कृष्ण निपट पुरुष हैं, और इसलिए अकेले कृष्ण का नाम लेना अर्थपूर्ण नहीं है। इसलिए वे इकट्ठे हो गए, राधा-कृष्ण हो गए। राधा-कृष्ण होकर इस जीवन के दोनों विरोध इकट्ठे मिल गए हैं। इसलिए भी मैं कहता हूँ कि यह भी कृष्ण की पूर्णताओं की एक पूर्णता है।

महावीर को किसी स्त्री के साथ खड़ा करके नहीं सोचा जा सकता। स्त्री असंगत है। महावीर का व्यक्तित्व स्त्री के बिना है। महावीर की शादी हुई, विवाह हुआ, बच्ची हुई, लेकिन महावीर का एक पंथ दिगंबरों का मानता है कि नहीं, उनका विवाह नहीं हुआ, न उनकी कोई बच्ची हुई। मैं मानता हूँ कि शायद ऐतिहासिक तथ्य यही है कि उनका विवाह हुआ हो, बच्ची हुई हो—लेकिन मनोवैज्ञानिक तथ्य, दिगंबर जो कहते हैं वही ठीक है कि महावीर जैसे आदमी के साथ स्त्री को जोड़ना ही बेमानी है। हुआ भी हो तो नहीं माना जा सकता। महावीर कैसे किसी स्त्री को प्रेम करेंगे। असंभव। महावीर के पूरे व्यक्तित्व में कहीं कोई वह छाया भी नहीं है। बुद्ध के साथ स्त्री थी, लेकिन छोड़कर चले गए। क्राइस्ट के साथ भी स्त्री को जोड़ना मुश्किल है। वे निपट क्वाँरे हैं। 'बैचलर' होने में ही उनकी अर्थवत्ता है। इस अर्थ में भी वे सब अधूरे हैं। इस जगत् की व्यवस्था में जैसे धन विद्युत् अधूरी है ऋण विद्युत् के बिना, जैसे विधेय अधूरा है निषेध के बिना, ऐसे स्त्री और पुरुष का एक परम मिलन भी है। स्त्री और पुरुष का न कहें, स्त्रैणता और पौरुषता का, आक्रामकता का और समर्पण का, जीतने का और हारने का।

अगर हम कृष्ण और राधा के लिए कोई प्रतीक खोजने निकलें, तो सारी पृथ्वी पर चीन भर में एक प्रतीक है, जिसे हम 'यिन' और 'यांग' कहते हैं। बस एक प्रतीक है। चीनी भाषा में, क्योंकि चीनी भाषा तो 'पिक्टोरियल' है, चित्रों की है, उसके पास एक प्रतीक है, जिसे वे जगत् का प्रतीक कहते हैं। उसमें एक गोल वर्तुल है और वर्तुल में दो मछलियाँ एक-दूसरे को मिलती हुईं—आधा सफेद आधा काला। काली मछली में सफेद गोल एक घेरा, सफेद मछली में काला एक घेरा और पूरा एक वर्तुल। दो मछलियाँ पूरी तरह मिलकर एक गोल घेरा बना रही हैं। एक मछली की

पूँछ दूसरे के मुँह से मिल रही है, दूसरी मछली का मुँह पहली की पूँछ से मिल रहा है। और दोनों मछलियाँ मिलकर पूरा गोल घेरा बन गयी हैं। 'यिन एंड यांग'। एक का नाम 'यिन', एक का नाम 'यांग' है। एक ऋण, एक धन। वे दोनों मिलकर इस जगत् का पूरा वर्तुल हैं।

राधा और कृष्ण पूरा वर्तुल हैं। इस अर्थ में भी वे पूर्ण हैं। अधूरा नहीं सोचा जा सकता कृष्ण को। अलग नहीं सोचा जा सकता। अलग सोचकर वे एकदम ख़ाली हो जाते हैं। सब रंग खो जाता है। पृष्ठभूमि खो जाती है, जिससे वे उभरते हैं। जैसे हम रात के तारों को नहीं सोच सकते रात के अँधेरे के बिना। अमावस में तारे बहुत उज्ज्वल होकर दिखायी पड़ने लगते हैं, बहुत शुभ्र हो जाते हैं, बहुत चमकदार हो जाते हैं। दिन में भी तारे तो होते हैं, आप यह मत सोचना कि दिन में तारे खो जाते हैं। खोएँगे भी बेचारे तो कहाँ खोएँगे! दिन में भी तारे होते हैं–आकाश तारों से भरा है अभी भी–लेकिन सूरज की रोशनी में तारे दिखाई नहीं पड़ सकते। अगर आप किसी गहरे कुएँ में चले जाएँ, दो-तीन सौ फीट गहरा कुआँ हो, तो आपको उस गहरे कुएँ से तारे दिन में भी दिखाई पड़ सकते हैं। क्योंकि बीच में अँधेरे की पर्त आ जाती है, फिर तारे दिखायी पड़ सकते हैं। रात में तारे आते नहीं सिर्फ़ दिखायी पड़ते हैं, क्योंकि अँधेरे की चादर फैल जाती है। और अँधेरे की चादर में तारे चमकने लगते हैं।

कृष्ण का सारा व्यक्तित्व चमकता है राधा की चादर पर। चारों तरफ़ से राधा की चादर उन्हें घेरे है। वह उसमें ही पूरे-के-पूरे खिल उठते हैं। कृष्ण अगर फूल है तो राधा जड़ है। वह पूरा-का-पूरा इकट्ठा है। इसलिए उनको अलग नहीं कर सकते। वह युगल पूरा है। इसलिए राधा-कृष्ण पूरा नाम है, कृष्ण अधूरा नाम है।

दूसरा प्रवचन

जीवन में महोत्सव के प्रतीक कृष्ण

"आपने कहा कि आप विवाह को अनैतिक कहते हैं। और सर्वाधिक विवाह कृष्ण करते हैं। क्या वे विवाह रूपी अनैतिकता को प्रोत्साहित करते हैं?"

विवाह को अनैतिक कहा मैंने, विवाह करने को नहीं। जो लोग प्रेम करेंगे, वे भी साथ रहना चाहेंगे। इसलिए प्रेम से जो विवाह निकलेगा, वह अनैतिक नहीं रह जाएगा। लेकिन हम उल्टा काम कर रहे हैं। हम विवाह से प्रेम निकालने की कोशिश कर रहे हैं, जोकि नहीं हो सकता। विवाह तो एक बंधन है और प्रेम एक मुक्ति है। लेकिन जिनके जीवन में प्रेम आया है, वे भी साथ जीना चाहें, स्वाभाविक है। लेकिन साथ जीना उनके प्रेम की छाया ही हो। जिस दिन विवाह की संस्था नहीं होगी, उस दिन स्त्री और पुरुष साथ नहीं रहेंगे, ऐसा मैं नहीं कह रहा हूँ। सच तो मैं ऐसा कह रहा हूँ कि उस दिन ही वे ठीक से साथ रह सकेंगे। अभी साथ दिखायी पड़ते हैं, साथ रहते नहीं। साथ होना ही संग होना नहीं है। पास-पास होना ही निकट होना नहीं है। जुड़े होना ही एक होना नहीं है।

विवाह की संस्था को मैं अनैतिक कह रहा हूँ। और विवाह की संस्था चाहेगी कि प्रेम दुनिया में न बचे। कोई भी संस्था, सहज उद्‌भावनाओं के विपरीत होती है। क्योंकि तब संस्थाएँ नहीं टिक सकतीं। दो व्यक्ति जब प्रेम करते हैं, तब वह प्रेम अनूठा ही होता है। वैसा प्रेम किन्हीं दो व्यक्तियों ने नहीं किया होता है। लेकिन दो व्यक्ति जब विवाह करते हैं, तब वह अनूठा नहीं होता। तब वैसा विवाह करोड़ों लोगों ने किया है। विवाह एक पुनरुक्ति है, प्रेम एक मौलिक घटना है। जितना विवाह प्रभावी होगा, उतना ही प्रेम का गला घुटता चला जाएगा। लेकिन जिस दिन हम प्रेम को

प्राथमिकता दे सकेंगे जीवन में और दो व्यक्तियों का साथ रहना एक समझौता नहीं होगा, उनके प्रेम का सहज फल होगा, उस दिन विवाह नहीं होगा इस अर्थ में जिस तरह आज है। न इस तरह तलाक होगा, जैसा आज है। दो व्यक्ति साथ रहना चाहें, यह उनका आनंद है, न रहना चाहें, यह उनका आनंद है। इसमें समाज को कोई बाधा नहीं है।

मैंने विवाह संस्था की तरह अनैतिक है, ऐसा कहा। विवाह प्रेम की छाया की तरह बिल्कुल स्वाभाविक है। उसमें कोई अनैतिकता नहीं है।

'भगवान्श्री, विवाह के संबंध में आपने अभी-अभी जो चर्चा की, उसे ध्यान में रख यह भी दर्शाने की कृपा करें कि जिस दिन हम प्रेम को आधार बनाएँगे, उस दिन बच्चों का क्या होगा? वे किसके कहलाएँगे? और, क्या ये 'सोशल प्रॉबलम' नहीं बन जाएँगे?'

बहुत-सी कठिनाइयाँ दिखायी पड़ेंगी। लेकिन वे कठिनाइयाँ इसलिए दिखायी पड़ती हैं कि हम पुरानी धारणाओं को आधार बनाकर ही सोचते हैं। जैसे, सच तो यह है कि जिस दिन हम प्रेम को परम मूल्य दे सकें, उस दिन बच्चे व्यक्तियों के हैं, ऐसा मानने की बात ही बेमानी है। बच्चे हैं भी नहीं व्यक्तियों के। सदा थे भी नहीं। एक युग था, जब पिता का तो कोई पता नहीं चलता था माँ, का ही पता होता था। मातृसत्ता का युग था। इसलिए जानकर आपको हैरानी होगी कि पिता शब्द बहुत पुराना नहीं है। काका, 'अंकल' शब्द ज़्यादा पुराना है। माँ बहुत पुराना शब्द है और पिता बहुत नया शब्द है। पिता तो आया तब, जब हमने विवाह की व्यक्तिगत व्यवस्था सुनिश्चित कर दी, अन्यथा पिता का तो कोई पता न चलता था। कबीले के सभी लोग पितातुल्य थे। माँ का पता चलता था। पूरा कबीला बच्चों के प्रति प्रेमपूर्ण भाव रखता था। और बच्चे चूंकि किसी के भी नहीं थे, इसलिए सभी के थे। बच्चे किसी के हैं, इससे फ़ायदा पहुँचा है, ऐसा नहीं है। बच्चे सभी के होंगे, फ़ायदा और बड़ा पहुँच सकता है।

जिस दिन हम प्रेम को आधार बनाएँगे, उस दिन बच्चों का क्या

होगा? सवाल उठता है, क्या वह 'सोशल प्रॉबलम' बन जाएँगे? नहीं, अभी बच्चे सामाजिक समस्या हैं, क्योंकि अभी हमने बच्चों को व्यक्तियों के ऊपर छोड़ दिया है। और फिर भविष्य में जो नित-नवीन बहुत कुछ संभव होता जा रहा है, उसे देखते हुए समझ लेना चाहिए कि हमने जो पीछे आधार बनाए थे, वे कोई टिकनेवाले नहीं हैं।

जैसे, पुरानी दुनिया में बच्चों के पैदा होने के लिए कम-से-कम बाप का जिंदा होना तो ज़रूरी था। भविष्य में नहीं रहेगा। आज भी नहीं है। अगर मैं मर जाऊँ तो भी मेरे वीर्यकण संरक्षित रखे जा सकते हैं हज़ार साल तक, दस हज़ार साल तक। मैं तो नहीं रहूँगा, मेरा बच्चा दस हज़ार साल बाद पैदा हो सकता है। माँ अब तक अनिवार्य रही है, लेकिन भविष्य में अनिवार्य नहीं रह जाएगी। जिस दिन भी हम व्यवस्था, खोज ही लिए हैं क़रीब-क़रीब, उस दिन हम माँ को नौ महीने पेट में बच्चे को ढोने का व्यर्थ बोझ नहीं देंगे। उस दिन बच्चे को हम, जो माँ के पेट में सुविधा उपलब्ध हो सकती है, वह यंत्र में भी सुविधा उपलब्ध हो सकती है और ज़्यादा व्यवस्थित उपलब्ध हो सकती है। उस दिन तो कौन माँ है, कौन पिता है, कहना मुश्किल हो जाएगा। हमें पूरा ढाँचा बदलना पड़ेगा। पूरे समाज की स्त्रियाँ माँ हैं और पूरे समाज के पुरुष पिता हैं। और उन बच्चों को सबका होकर बड़ा होना पड़ेगा। निश्चित ही सब बदलेगा।

जो मैं कह रहा हूँ, वह वैज्ञानिक ढंग से भी जो काम दुनिया में चल रहा है, उसकी वजह से भी ज़रूरी हो जाएगा। अभी हमें ख़याल में नहीं आता, क्योंकि हम पुराने ढंग से सोचते चले जाते हैं। आपके घर बच्चा पैदा होता है, तो आप डॉक्टर की दवाई लाते हैं, सबसे अच्छे डॉक्टर की। आप यह नहीं सोचते कि मैं इसका पिता हूँ तो मैं खुद ही दवाइयाँ बनाकर इसको पिला दूँ। आप कपड़ा बनवाते हैं, सबसे अच्छे दर्जी से, यह नहीं सोचते कि मैं इसका पिता हूँ तो मैं ही कपड़ा बनाकर पहनाऊँ। अगर समझ थोड़ी और गहरी पड़ेगी तो आप यह भी न चाहेंगे कि आपका बच्चा आपके वीर्यकण से ही पैदा हो, अगर इससे अच्छा वीर्यकण समाज में उपलब्ध हो सकता हो। अच्छा है कि आपका बच्चा लँगड़ा-लूला पैदा न हो, अच्छा है कम बुद्धि

का पैदा न हो। अच्छा है कि श्रेष्ठतम बीज उसे उपलब्ध हो सके। माँ भी न चाहेगी कि माँ होने के लिए वह नौ महीने बच्चे को पेट में घसीटे, जबकि उससे बेहतर सुविधाएँ उपलब्ध हो गयी हैं, बच्चा ज़्यादा स्वस्थ पैदा हो सकता हो, ज़्यादा बुद्धिमान पैदा हो सकता हो। तो माँ और पिता का अब तक जो 'फंक्शन' रहा है, वह भविष्य में रहनेवाला नहीं है। और जिस दिन माँ और पिता का 'फंक्शन' विदा हो जाएगा, उस दिन आपके विवाह का क्या आधार रह जाता है। उसका कोई मतलब नहीं रह जाता। उस दिन प्रेम ही आधार रह जाता है। टैक्नॉलॉजी भी मनुष्य को उस जगह ला रही है, मनुष्य के मन की समझ भी उस जगह ला रही है, जहाँ व्यक्तिगत दावेदारी समाप्त हो जाती है।

इसका यह मतलब नहीं है कि सारी समस्याएँ समाप्त हो जाती हैं। हर नए प्रयोग के साथ नयी समस्याएँ होती हैं। बड़ा सवाल यह नहीं है कि समस्याएँ मिट जाएँ, समस्याएँ तो आदमी की कभी नहीं मिटेंगी, सवाल यही है कि समस्याएँ रोज़ बेहतर होती जाएँ। कल की समस्याओं को हटा देंगे तो मनुष्य और मनुष्य के बीच के सारे संघर्ष विदा हो जाएँगे। नहीं, लेकिन वे संघर्ष विदा हो जाएँगे जो विवाह के कारण ही पैदा होते हैं और वे काफ़ी बड़ी मात्रा में हैं। छोटी मात्रा में नहीं हैं। कुछ नयी बातें पैदा होंगी, कुछ नयी समस्याएँ पैदा होंगी। पृथ्वी पर रहने के लिए समस्याएँ ज़रूरी हैं। उनको हम हल करेंगे, उन्हीं में हमारा विकास है। उनसे हम लड़ेंगे और आगे बढ़ेंगे।

एक बात ज़रूर ध्यान में ले लेने जैसी है, और कठिनाई उसी से आती है। कठिनाई इससे आती है कि जिस ढाँचे में हम रहने के आदी हो गए हैं उस ढाँचे की समस्याओं को भी हम सहने के आदी हो गए हैं। अगर उससे बेहतर व्यवस्था भी मिल सकती हो, तो उस बेहतर व्यवस्था के साथ नयी समस्याएँ मिलेंगी, जिनके हम आदी नहीं हैं। और उससे कठिनाई होती है। लेकिन बुद्धि का काम यही है कि वह उन समस्याओं को समझे, हल करे, और सोचे कि पुरानी समस्याओं से अगर बेहतर समस्याएँ मिलती हों, तो हम परिवर्तन करें। ऐसा मेरा मानना यह है कि मनुष्य के जीवन में जब तक प्रेम का फूल पूरी तरह न खिले, तब तक उसके व्यक्तित्व में रौनक, तब तक उसके व्यक्तित्व में जिसको हम कहें नमक, वह नहीं उत्पन्न होता।

उसका जीवन फीका-फीका हो जाता है। और मैं मानता हूँ कि फीके व्यक्तित्व के बजाय समस्याओं से भरे हुए तेज़ और चमकदार व्यक्तित्व का मूल्य है। एक छोटी-सी कहानी, फिर हम दूसरा सवाल लें-

मैंने सुना है कि एक बगीचे में एक छोटा-सा फूल घास का फूल दीवाल की ओट में ईंटों में दबा हुआ जीता था। तूफ़ान आते थे, उस पर चोट नहीं हो पाती थी। ईंटों की आड़ थी। सूरज निकलता था, उस फूल को नहीं सता पाता था, उस पर ईंटों की आड़ थी। बरसा होती थी, बरसा उसे गिरा नहीं पाती थी, क्योंकि वह ज़मीन पर पहले ही से लगा हुआ था। पास में ही उसके गुलाब के फूल थे।

एक रात उस घास के फूल ने परमात्मा से प्रार्थना की कि मैं कब तक घास का फूल बना रहूँगा। अगर तेरी ज़रा भी मुझ पर कृपा है तो मुझे गुलाब का फूल बना दे। परमात्मा ने उसे बहुत समझाया कि तू इस झंझट में मत पड़, गुलाब के फूल की बड़ी तकलीफ़ें हैं। जब तूफ़ान आते हैं, तब गुलाब की जड़ें भी उखड़ी-उखड़ी हो जाती हैं। और जब गुलाब में फूल खिलता है, तो खिल भी नहीं पाता है कि कोई तोड़ लेता है। और जब बरसा आती है गुलाब की पंखुड़ियाँ बिखरकर ज़मीन पर गिर जाती हैं। तू इस झंझट में मत पड़, तू बड़ा सुरक्षित है। उस घास के फूल ने कहा कि बहुत दिन सुरक्षा में रह लिया, अब मुझे झंझट लेने का मन होता है। आप तो मुझे बस गुलाब का फूल बना दें। सिर्फ़ एक दिन के लिए सही, चौबीस घंटे के लिए सही। पास-पड़ोस के घास के फूलों ने समझाया, इस पागलपन में मत पड़, हमने सुनी हैं कहानियाँ कि पहले भी हमारे कुछ पूर्वज इस पागलपन में पड़ चुके हैं, फिर बड़ी मुसीबत आती है। हमारा जातिगत अनुभव यह कहता है कि हम जहाँ हैं, बड़े मज़े में हैं। पर उसने कहा कि मैं कभी सूरज से बात नहीं कर पाता, मैं कभी तूफ़ानों से लड़ नहीं पाता, मैं कभी बरसा को झेल नहीं पाता! उन पास के फूलों ने कहा, पागल, ज़रूरत क्या है? हम ईंट की आड़ में आराम से जीते हैं। न धूप हमें सताती, न बरसा हमें सताती, न तूफ़ान हमें छू सकता।

लेकिन वह नहीं माना और परमात्मा ने उसे वरदान दे दिया और वह सुबह गुलाब का फूल हो गया। और सुबह से ही मुसीबतें शुरू हो गयीं।

ज़ोर की आँधियाँ चलीं, प्राण का रोआँ-रोआँ उसका काँप गया, जड़ें उखड़ने लगीं। नीचे दबे हुए उसके जाति के फूल कहने लगे, देखा पागल को, अब मुसीबत में पड़ा! दोपहर होते-होते सूरज तेज़ हुआ। फूल तो खिले थे, लेकिन कुम्हलाने लगे। बरसा आयी, पंखुड़ियाँ नीचे गिरने लगीं, फिर तो इतने ज़ोर की बरसा आयी कि साँझ होते-होते जड़ें उखड़ गयीं और वह वृक्ष फूलों का गुलाब के फूलों का पौधा ज़मीन पर गिर पड़ा। जब वह ज़मीन पर गिर पड़ा तब वह अपने फूलों के क़रीब आ गया। उन फूलों ने उससे कहा, 'पागल, हमने पहले ही कहा था! व्यर्थ अपनी ज़िंदगी गँवायी! मुश्किलें ले लीं नयी अपने हाथ से! हमारी पुरानी सुविधा थी, माना कि पुरानी मुश्किलें थीं, लेकिन सब आदी था, परिचित था, साथ-साथ जीते थे, सब ठीक था।' उस मरते हुए गुलाब के फूल ने कहा, 'नासमझो, मैं तुमसे भी यही कहूँगा कि ज़िंदगी-भर ईंट की आड़ में छिपे हुए घास का फूल होने से चौबीस घंटे के लिए गुलाब का फूल हो जाना बहुत आनंदपूर्ण है। मैंने अपनी आत्मा पा ली, मैं तूफ़ानों से लड़ लिया, मैंने सूरज से मुलाक़ात ले ली, मैं हवाओं से जूझ लिया, मैं ऐसे ही नहीं मर रहा हूँ, मैं जीकर मर रहा हूँ। तुम मरे हुए जी रहे हो।'

निश्चित ही ज़िंदगी को अगर हमें जिंदा बनाना है, तो बहुत-सी ज़िंदा समस्याएँ खड़ी हो जाएँगी। लेकिन होनी चाहिए। और अगर हमें ज़िंदगी को मुर्दा बनाना है, तो हो सकता है हम सारी समस्याओं को ख़त्म कर दें, लेकिन तब आदमी मरा-मरा जीता है।

तो मैं मानता हूँ कि नयी समस्याएँ तो होंगी ही, होनी ही चाहिए और मनुष्य को इतना भरोसा और आत्मविश्वास होना चाहिए कि वह में कोई भी अर्थ-व्यवस्था को रूपांतरण करने की नहीं सोच सकता। उपाय नहीं हैं। इसके कारण समझ लेने ज़रूरी हैं।

औद्योगिक क्रांति के पूर्व जो जगत् था, उस जगत् के पास आदमी का श्रम ही एकमात्र उत्पादक स्त्रोत था। और आदमी के श्रम से जितना पैदा हो सकता था, उसको किसी भी तरह बाँटा जाए, उससे दरिद्रता नहीं मिट सकती थी। उससे दरिद्रता मिटने का उपाय ही नहीं था। दरिद्रता लाज़मी थी। विषमता भी नहीं मिट सकती थी। उसके भी कारण हैं। उसकी मैं बात करता हूँ।

पहली बात, दरिद्रता नहीं मिट सकती थी। दरिद्रता मिटने के लिए जितनी संपत्ति चाहिए, उतनी समाज के पास संपत्ति न थी। हाँ, इतना ही हो सकता था कि कुछ लोग जो समृद्ध दिखायी पड़ते थे, वे मिटाए जा सकते थे। उनको भी दरिद्र बनाया जा सकता था। इतना हो सकता था। अगर हज़ार आदमी में एक आदमी के पास थोड़ी संपत्ति दिखायी पड़ती थी, तो उसको मिटाया जा सकता था। और नौ सौ निन्यानवे की जगह एक हज़ार आदमी दरिद्र हो सकते थे। मनुष्य अपने श्रम से जो संपत्ति पैदा करता है, उससे कभी दरिद्रता के 'लेबल' के ऊपर नहीं जा सकता। उस दिन के बाद ही दरिद्रता मिटाने का विचार उठ सकता है। जिस दिन से आदमी के श्रम की जगह यंत्र का श्रम संपत्ति पैदा करने लगे, उस दिन हम एक-एक आदमी की जगह लाख-लाख गुनी मशीन का उपयोग कर पाते हैं। संपत्ति वृहत्त पैमाने पर पैदा होनी शुरू होती है और पहली दफ़े यह ख़याल आना शुरू होता है कि अब दरिद्र को दरिद्र रखने की कोई ज़रूरत न रही। उसकी ऐतिहासिक आवश्यकता समाप्त हो गयी। इसलिए औद्योगिक क्रांति के बाद ही मार्क्स सोच पाया। अगर औद्योगिक क्रांति के बाद कृष्ण पैदा होते तो मार्क्स से बहुत ज़्यादा साफ़ सोच पाते, जितना साफ़ मार्क्स नहीं सोच पाया। लेकिन कृष्ण औद्योगिक क्रांति के पहले हैं। कोई मार्क्स से पूछे कि आप भी औद्योगिक क्रांति के पहले क्यों न पैदा हो गए!

ऐसा नहीं है कि मनुष्य के पास चिंतन नहीं था और ऐसा भी नहीं है मनुष्य को दरिद्रता के मिटाने का ख़याल पैदा नहीं हुआ। बुद्ध को भी हुआ, महावीर को भी हुआ। लेकिन बुद्ध और महावीर ने दरिद्रता को मिटाने का क्या उपाय किया? मालूम है, खुद दरिद्र हो गए। और कोई उपाय नहीं था। अगर दरिद्रता पीड़ा देती है, तो इसके सिवाय कोई उपाय नहीं कि तुम भी दरिद्र होकर खड़े हो जाओ दरिद्रों के साथ, और क्या करोगे! तो बुद्ध और महावीर ने अपनी संपत्ति छोड़ दी। महावीर ने तो अपनी संपत्ति बाँट भी दी। सारी संपत्ति महावीर ने बाँट दी, जो उनके हिस्से में पड़ी थी, वह सब बाँटकर वह चले गए। लेकिन उससे दरिद्रता नहीं मिटी। दरिद्रता के मिटने से उसका कोई संबंध नहीं है। यह एक नैतिक उपाय तो हुआ। महावीर ने

अपने मन की पीड़ा तो मिटा ली, लेकिन दरिद्रता न मिटी।

इसलिए पुराने जगत् के समस्त विचारकों ने अपरिग्रह पर ज़ोर दिया है, परिग्रह मत करो। इस पर वह ज़ोर नहीं दे सकते कि कोई दरिद्र न रहे, वह इस पर ही ज़ोर दे सकते हैं कि कोई संपत्तिशाली न रहे। इसके सिवा कोई उपाय नहीं है। यानी उनके पास जो मौजूदा स्थिति थी, उस मौजूदा स्थिति में एक ही उपाय था कि कोई अमीर न रहे। इसलिए सारे पुराने धर्म अपरिग्रह पर, 'नॉन पॅजेशन' पर, चीज़ों के त्याग पर, धन के संग्रह के विरोध में खड़े हैं। वे कहते हैं, बाँट दो सब जो है। लेकिन यह भी वे जानते हैं कि बँटने से यह धनी आदमी तो अपरिग्रही हो जाता है, लेकिन जिसके पास नहीं है उनके पास कुछ भी नहीं पहुँचता। यह उपाय ऐसा है जैसे कोई एक चम्मच रंग लेकर और समुद्र को रँगने चला जाए। एक बुद्ध बँट जाते हैं, ख़त्म! एक महावीर बँट जाते हैं, ख़त्म! वह जो विराट् दरिद्रता का सागर है, वह उनके चम्मच को घोलकर पी जाता है। उससे कुछ पता नहीं चलता, उससे कहीं कोई परिणाम नहीं होता।

नहीं सोचा जा सकता था, इसलिए नहीं सोचा गया।

लेकिन, दूसरा सवाल है कि विषमता तो मिटायी जा सकती थी। दरिद्रता नहीं मिटायी जा सकती थी, विषमता मिटायी जा सकती थी, लेकिन विषमता मिटाने का ख़याल क्यों पैदा न हुआ?

उसका भी कारण है। इसे थोड़ा ऐसे समझना पड़ेगा। विषमता मिटाने का ख़याल तभी पैदा होता है, जब बहुत दूर तक हमारे बीच समानता आनी शुरू हो जाती है। उसके पहले पैदा नहीं होता। असल में विषमता है, यह हमें तभी पता चलता है। जब समाज 'क्लासेज' में बँटा हुआ नहीं रह जाता, बल्कि सीढ़ियों में बँट जाता है। जैसे एक मेहतरानी है एक गाँव की। अगर गाँव की महारानी हीरों के हार पहनकर निकले तो मेहतरानी को कोई भी तकलीफ़ नहीं होती। होती ही नहीं। कोई ईर्ष्या नहीं पकड़ती। क्योंकि फ़ासला इतना बड़ा है कि ईर्ष्या पकड़ने का उपाय भी नहीं। 'डिस्टेंस' बहुत बड़ा है। कहाँ मेहतरानी और कहाँ महारानी! इन दोनों के बीच इतना बड़ा अंतराल है कि मेहतरानी यह सोच भी तो नहीं सकती कि वह महारानी से

ईर्ष्या करे। लेकिन उसकी पड़ोस की मेहतरानी अगर एक कंकड़-पत्थर का हार भी डालकर निकल जाए, तो उसे ईर्ष्या शुरू हो जाती है। क्यों? पड़ोस की मेहतरानी जहाँ है, वहाँ वह भी हो सकती है। इसमें कोई असंभावना नहीं है। इसलिए ईर्ष्या पकड़ती है। जब तक समाज में ऐसी स्थिति थी कि नीचे फैला हुआ दरिद्रों का विशाल जगत् था, और ठेठ आसमान में एकाध आदमी समृद्ध था, तब तक फ़ासले इतने ज़्यादा थे कि समानता की धारणा पैदा नहीं हो सकती थी। हम समानता का दावा नहीं कर सकते थे। इसलिए इसका एक ही उपाय सूझता था कि जो जैसा है, वैसा है।

लेकिन औद्योगिक क्रांति के बाद फ़ासले टूटने शुरू हुए और बीच में सीढ़ियाँ बन गयीं। आज शिखर पर कोई रॉकफेलर होता है, नीचे कोई मजदूर होता है, लेकिन यह विभाजन दो वर्गों का विभाजन नहीं है, इसमें सीढ़ियों का विभाजन है, पायरी है। हर एक के ऊपर कोई है, उसके ऊपर कोई है, उसके ऊपर कोई है, और समाज लंबी सीढ़ी बन गया है। इसमें बीच की सीढ़ियाँ सब जुड़ गयी हैं। इन बीच की सीढ़ियों की वजह से प्रत्येक को यह ख़याल आता है कि मुझसे जो आगे हैं, मैं उसके समान क्यों नहीं हो सकता! प्रत्येक को यह ख्याल आता है कि मुझसे जो आगे है, उसके मैं समान क्यों नहीं हो सकता!

समानता का ख़याल वर्ग-विभक्त समाज में नहीं पैदा होता, सीढ़ी-विभक्त समाज में पैदा होता है। समानता की धारणा ही पैदा नहीं होती। लेकिन इसका यह मतलब नहीं है कि बुद्ध, महावीर या कृष्ण ने समानता की बात नहीं की। जिस समानता की बात उस समय संभव थी, उन्होंने की है। वह आत्मिक समानता की बात है। उस दिन वही संभव था, एक आध्यात्मिक 'इक्वेलिटी' की बात संभव थी कि सबके भीतर जो प्राण हैं, जो आत्मा है, वह समान है। लेकिन सबके बाहर जो सुविधा-असुविधा है—धन है, कपड़े हैं, मकान है, उनके समान होने का कोई ख़याल पैदा नहीं हो सकता था। इसका कोई रास्ता नहीं था। आज हम सोच सकते हैं। लेकिन एक उदाहरण से आपको मैं ख़याल दिलाऊँ। बहुत-सी बातें हैं, जो आज हम नहीं सोच सकते, जो कल आनेवाली पीढ़ियाँ हम पर इल्जाम लगाएँगी। आज हम

नहीं सोच सकते। उदाहरण के लिए एकाध बात आपसे कहूँ, जो आनेवाली पीढ़ियाँ आप पर इल्ज़ाम लगाएँगी–

आज आप यह सोच ही नहीं सकते। आज आप हर आदमी को मजदूरी देते हैं, जब वह काम करता है। आनेवाली पीढ़ियाँ आपसे कहेंगी क्या उस वक़्त कोई भी एक विचारक पैदा न हुआ, जो कहता कि खाने-पीने के लिए काम की ज़बर्दस्त शर्त लगानी अनैतिक है? जल्द वक़्त आ जाएगा। जल्दी वक़्त आ जाएगा जब सारी 'ऑटोमेटिक' मशीनें उत्पादन करने लगेंगी, तो बहुत जल्दी सवाल आ जाएगा कि अब काम ज़रूरी नहीं रहा। प्रत्येक आदमी को बिना काम के तनख़्वाह मिल जानी चाहिए। और जो लोग काम की भी माँग करेंगे, उनको थोड़ा कम मिलेगा, बजाय उनके जो काम की माँग नहीं करेंगे। क्योंकि वे दो-दो चीज़ें इकट्ठी माँगते हैं–काम भी माँगते हैं, तनख़्वाह भी माँगते हैं।

आज अमरीका का अर्थशास्त्री निरंतर चिंतित है कि वह क्या, भविष्य के लिए क्या करे? हमारी पुरानी आदत यह है कि जो काम करे, उसे मिलना चाहिए। भविष्य की संभावना यह है– सिर्फ़ पच्चीस-तीस साल के बाद–कि जो काम करे, काम तो दे नहीं सकते हम सबको, तो जो न काम करे उसे ज़्यादा दिया जाए–देना तो पड़ेगा ही उसको, क्योंकि अगर फैक्ट्री में आप कारें भी बना लेंगे और ख़रीदने के लिए लोगों के पास पैसा नहीं होगा, तो आप कारों को बनाकर क्या करेंगे? फैक्ट्री पूरी-की-पूरी 'ऑटोमेटिक' हो जाएगी, जहाँ लाख आदमी काम करते थे, वहाँ एक आदमी बटन दबाकर काम कर देगा, तो वह जो लाख आदमी बाहर चले गए, अगर उनको कुछ भी न दें आप, तो यह फैक्ट्री की कारें कौन ख़रीदेगा? इन कारों को ख़रीदने के लिए उनको देना तो पड़ेगा ही। सारी चीज़ों को ख़रीदने के लिए उनको देना पड़ेगा। वह बिना काम से रहने को राज़ी हैं–जोकि बड़ा कठिन पड़ेगा– अभी हमको पता नहीं है कि बिना काम से राज़ी रहना इतना कठिन पड़ेगा, जितना सख़्त मजदूरी कठिन नहीं पड़ी। तो भविष्य में कोई ज़रूर कहेगा कि कैसे लोग थे, न कृष्ण, न महावीर, न मार्क्स, कोई भी यह नहीं सोच सका कि आदमी से काम लेना बड़ी अनैतिक अमानवीयता है।

क्योंकि उसको भूख लगी है, इसलिए आप काम लेकर उसको रोटी देते हैं? अरे, भूख लगी है तो उसको खाना मिलना चाहिए, काम का क्या सवाल है! लेकिन यह अभी हम नहीं सोच सकते। अभी हमें सोचना बहुत कठिन पड़ेगा कि यह क्या बात है। अभी तो काम भी मिल जाए तो भी रोटी नहीं मिलती, तो बिना काम के रोटी तो बहुत मुश्किल है। हर युग की अपनी व्यवस्था, अपनी संभावना के बीच चिंतन के फूल खिलते हैं।

कृष्ण के वक़्त में विषमता का कोई दंश नहीं है 'इनइक्वेलिटी' की कोई पीड़ा नहीं है। इसलिए 'इक्वेलिटी' का, समानता का कोई नारा नहीं है। और ग़रीब पीड़ित नहीं है इस बात से कि वह ग़रीब है। अब देखें, मज़े की बात है कि प्लेटो जैसा विचारक, जोकि समानता का बड़ा पुरस्कर्ता है, वह भी गुलामों को मिटाया जाए इसका ख़याल ही उसे नहीं आता बल्कि वह कहता है, गुलाम तो रहेंगे ही। क्योंकि यूनान में गुलाम सहज बात थी। बल्कि प्लेटो यह कहता है कि अगर गुलाम न रहेंगे तो समानता कैसे रहेगी?

'फिर कुछ चुने हुओं का वर्ग हमेशा हावी रहेगा?'

वह रहे हैं। और 'एलाइट क्लास' हमेशा हावी रहेगा, शक्लें बदल सकती हैं उससे और कोई फ़र्क़ पड़नेवाला नहीं है। कभी वह मालिक की तरह हावी होता है, कभी नेता की तरह हावी होता है, कभी राजा की तरह हावी होता है, कभी गुरु की तरह हावी होता है, कभी महात्मा की तरह हावी होता है, लेकिन 'एलाइट' हमेशा हावी होता है। और ऐसा मैं कोई युग नहीं देख सकता, जिस दिन कि चुने हुए लोग हावी नहीं होंगे। असल में जब तक चुने हुए लोग रहेंगे तब तक हावी होते रहेंगे, इसमें कोई उपाय नहीं है। यह दूसरी बात है, उनकी शक्ल बदल जाए, कभी हम उनको कहें कि यह राजा हैं और कभी हम कहें यह राष्ट्रपति हैं। और कभी हम कहें कि यह सम्राट हैं और कभी हम कहें कि वह मंत्री हैं। और कभी हम कहें कि यह महात्मा हैं और कभी हम कहें कि यह भगवान् हैं। और हम नाम कुछ भी देते रहें लेकिन जब तक मनुष्यों का विकास समान तल पर नहीं पहुँच जाता कि हर

मनुष्य समान तल पर पहुँच जाए, समस्त विकासों की दृष्टि से जैसा कि मैं नहीं मानता कि कभी हो जाएगा। और वह समाज बड़ा बेरौनक और बहुत बेहूदा होगा, जिस दिन सारे लोग समान तल पर पहुँच जाएँगे, बहुत 'बोरडम' का होगा—अभी हम सोच सकते हैं। लेकिन चुने हुए लोग रहेंगे। कोई अच्छा सितार बजाएगा, तो कम अच्छा सितार बजानेवाले पर हावी हो ही जानेवाला है, इसमें करिएगा क्या! कोई अच्छा नाचेगा तो कम अच्छा नाचनेवाले पर हावी हो ही जाएगा, इसमें करिएगा क्या! अब कोई आइन्स्टीन पैदा होगा, तो जो दो और दो भी नहीं जोड़ सकते उन पर अगर हावी हो जाए, तो इसमें कसूर किसका? इसमें करिएगा क्या? यह स्थिति ऐसी है कि इस स्थिति में कोई-न-कोई हावी होता रहेगा। यह बात पक्की है कि पुराने ढंग के हावी होनेवाले लोगों से जब हम ऊब जाते हैं—ऊब भी जाते हैं और व्यवस्था के लिए, भविष्य के लिए वह मौजूँ भी नहीं रह जाते, इसलिए बदलाहट करनी पड़ती है। अब आज रूस है, हमने बदल दिया है सब, लेकिन फिर दूसरे लोग हावी हो गए। वे पिछले लोगों से कम हावी नहीं हैं, बल्कि ज़्यादा ही हावी हैं। आज चीन है, हमने एक को बदल दिया, दूसरे लोग हावी हो गए।

जब तक मनुष्य और मनुष्य के बीच फ़ासले हैं, बुद्धि के, विचार के, क्षमताओं के, प्रतिभाओं के, शक्तियों के तब तक असंभव है कि कोई हावी नही हो जाएगा। हो ही जाएगा। और तब तक यह असंभव है कि कोई न चाहेगा कि कोई मुझ पर हावी हो जाए। कोई चाहेगा कि हावी हो जाए। क्योंकि वह भी बिना उसके नहीं जी सकेगा, बिना हावी हुए। तो दुनिया में यह बदलाहट चलती रहेगी। एक युग की बात हमें बेहूदी लगने लगती है, क्योंकि हम दूसरी तरह के हावीपन को स्वीकार कर लेते हैं।

कृष्ण के वक़्त में यह सहज स्वीकृत है। ग़रीब ग़रीब होने को राज़ी है। अमीर के मन में कोई दंश नहीं है अमीर होने का। क्योंकि जब तक ग़रीब ग़रीब होने को राज़ी है, तब तक अमीर के मन में दंश हो नहीं सकता। अमीर 'ऐट ईज' है। उसे कोई तकलीफ़ नहीं है इस बात की। इसलिए समाज में कोई चिंतन का मौक़ा पैदा नहीं होता। जैसे उदाहरण के लिए, अभी हम कहने लगे कि ग़रीब और अमीर समान होने चाहिए। उसका कुल

कारण यह नहीं है कि हमारी बौद्धिक प्रतिभा कृष्ण से आगे चली गई, उसका कुल कारण इतना है कि सामाजिक व्यवस्था कृष्ण से भिन्न हो गई। लेकिन अभी कोई आदमी यह नहीं कह सकता कि मैं कम बुद्धि का हूँ, तो जो मुझसे ज़्यादा बुद्धि का है, हममें समानता होनी चाहिए। लेकिन आज से पचास साल बाद कम बुद्धि का आदमी यह अपील शुरू कर देगा, क्योंकि पचास साल में हम वह व्यवस्था खोज लेंगे, जिससे बुद्धि में भी कमी-बढ़ती की जा सकती है। अभी वह व्यवस्था हमारे पास नहीं है, विकसित हो रही है। पचास साल बाद हर बच्चा यह कहेगा कि मैं जड़बुद्धि होने को राज़ी नहीं हूँ, और किसी आदमी को यह हक नहीं है कि वह प्रतिभाशाली हो जाए, होंगे तो हम सब समान होंगे।

यह उस दिन उठ सकती है, अभी नहीं उठ सकती यह आवाज़। क्योंकि अभी हमारे पास व्यवस्था नहीं है। लेकिन अब हम जो खोज कर रहे हैं और मनुष्य के 'ज़ीन' में, उनके मूल 'सेल' में जो प्रवेश हो गया है, उससे संभावना बढ़ गई है। क्योंकि मनुष्य के 'ज़ीन' में विज्ञान का जो प्रवेश है, अब वह यह बात तय कर सकेगा कि इस बच्चे में कितनी प्रतिभा हो, जो इस बीज से पैदा होगा। और जैसे अभी बाज़ार में आप फूलों के बीज का पैकेट ख़रीदने चले जाते हैं, जिस पर फूल की तस्वीर बनी होती है ऊपर कि अगर इस बीज को इतनी खाद और इतनी व्यवस्था दी गई तो यह बीज इतना बड़ा फूल बन सकेगा, उस दिन एक बाप और एक माँ बाज़ार में—सिर्फ़ पचास साल के भीतर—उस पैकेट को ख़रीद सकेंगे, जिसमें बच्चे की तस्वीर बनी होगी कि इसकी आँखें इस रंग की होंगी, इसके बाल इस ढंग के होंगे, इसकी लंबाई इतनी होगी, इसका स्वास्थ्य इतना होगा, इसकी उम्र इतनी होगी—यह 'गारंटीड' है कि सत्तर साल तक नहीं मरेगा, इसको ये—ये बीमारियाँ नहीं होंगी और इसकी प्रतिभा का 'आई.क्यू.' इतना होगा, इसकी बुद्धि का माप इतना होगा। आप चुनाव कर सकते हैं। यह संभव हो जाएगा। बीज के बाबत भी पहले संभव नहीं था, आज संभव है। आदमी भी एक बीज से जन्मता है। आदमी के बीज के बाबत भी संभव हो जाएगा।

जिस दिन यह संभव हो जाएगा, उस दिन हम पूछेंगे कि कृष्ण को

कभी ख़याल न आया कि यह प्रतिभा और ग़ैर-प्रतिभा में समानता होनी चाहिए। आ कैसे सकता है? इसके आने का कोई उपाय नहीं है।

'भगवान्श्री, सुदामा के संबंध में एक छोटा-सा प्रश्न आया है। जब सुदामा कृष्ण के पास कुछ लेने आए तभी तीन लोक का साम्राज्य दिया गया। लेकिन उसके पहले कृष्ण ने सुदामा को क्या कुछ नहीं दिया? वह ग़रीब तो बहुत था बेचारा।'

इस जगत में मिलता कुछ भी नहीं है। इस जगत में मिलता कुछ भी नहीं है, खोजना पड़ता है। भगवान् तो यहीं मौजूद है और ऐसा नहीं कि आपकी पीड़ा का उसको पता नहीं है, लेकिन आप पीठ करके खड़े हैं। और इतनी स्वतंत्रता आपको है कि आप चाहें तो भगवान् को लें और चाहें तो न लें। जिस दिन आपको मिलेगा, उस दिन आप भगवान् से शिकायत कर सकते हैं कि जब तक मैंने तुझे नहीं खोजा, तूने ही मुझे क्यों न खोज लिया? लेकिन भगवान् उस दिन कहेगा कि जबर्दस्ती तेरे ऊपर हावी हो जाऊँ, वह भी परतंत्रता हो सकती है।

स्वतंत्रता का अर्थ ही इतना है कि जो हम खोजते हैं, वह हमें मिल सके, जो हम नहीं खोजते हैं, वह न मिल सके। और ध्यान रहे, कुछ भी इस जगत् में नहीं मिलता है बिना खोजे, खोजना ही पड़ता है। सुदामा कैसा है, यह सवाल बड़ा नहीं है। सुदामा इनकार भी कर सकता है। और मैं मानता हूँ कि अगर कृष्ण देने गए होते सुदामा के घर, तो शायद इनकार भी कर देता। ज़रूरी नहीं था कि स्वीकार करता। सुदामा की तैयारी होनी चाहिए। यह सारी-की-सारी घटनाएँ बहुत मनोवैज्ञानिक अर्थ रखती हैं। इनकी अपनी 'साइकोलॉजिकल' अर्थवत्ता है। हम जो खोजने जाएँगे, जिस दिन हमारी खोज की तैयारी पूरी होगी, उसी दिन वह हमें मिल सकता है। उसके पहले हमें नहीं मिलेगा। पड़ा हो बगल में तो भी नहीं मिलेगा। हमारी खोज ही उसके मिलने का द्वार बनेगी। इसलिए सुदामा ग़रीब है, अकेला सुदामा ग़रीब नहीं है, बहुत लोग ग़रीब हैं। और कृष्ण के लिए इससे कोई फ़र्क़ नहीं पड़ता कि सुदामा ग़रीब है कि कोई

और ग़रीब है, बड़ा फ़र्क़ जो पड़ता है वह यह कि जो सुदामा इतना ग़रीब होकर भी देने चला आया है, आदमी अमीर होने के योग्य है।

यह जो सुदामा की स्थिति है, उसी से परिवर्तन शुरू होता है। और हम ही, प्रत्येक व्यक्ति-व्यक्ति की हैसियत से अपने परिवर्तन को शुरू करता है, बाकी फिर सारी शक्तियाँ मिलती चली जाती हैं। जिस आदमी ने इस पृथ्वी पर ग़रीब होने का तय किया है, उसे सब ग़रीबी की परिस्थितियाँ मिल जाएँगी। जिस आदमी ने इस पृथ्वी पर अज्ञानी रहने का तय किया है, उसे अज्ञानी होने की सब परिस्थितियाँ मिल जाएँगी। जिस आदमी ने इस जगत् में ज्ञान के लिए तय कर रखा है, उसे ज्ञान के सब द्वार खुल जाएँगे। इस जगत् में हम जो माँगते हैं, वह लौट आता है, वह आ जाता है। बहुत गहरे में, हमारी ही आकांक्षाएँ, हमारी ही प्रार्थनाएँ, हमारी ही अभीप्साएँ हम पर लौट आती हैं। और जब अगर कोई आदमी समझता हो कि मैं ग़रीब क्यों हूँ, तब अगर आप उसके पूरे व्यक्तित्व को खोजेंगे तो बहुत हैरान हो जाएँगे, उसने ग़रीब होने की सारी व्यवस्था कर रखी है। वह ग़रीब होने के लिए पूरा-का-पूरा तत्पर है। और अगर ग़रीब न हो तो ख़ुद भी चौंकेगा कि यह क्या हो गया! अज्ञानी ने पूरी व्यवस्था कर रखी है अज्ञान की। और अपने अज्ञान की सुरक्षा के सब उपाय कर रहा है। और अगर कोई उसका अज्ञान तोड़ने आए तो क्रुद्ध हो जाता है। और अपने बागुड़-बगीचे को डंडा लेकर खड़ा हो जाता है कि भीतर प्रवेश मत कर जाना।

नहीं, जो हम खोजने जाते हैं, वही होता है। सुदामा जाता है कृष्ण के पास, तो सुदामा को कृष्ण मिल पाते हैं। कृष्ण का आना उचित भी नहीं है। प्रतीक्षा कृष्ण को करनी चाहिए सुदामा के आने तक। वह प्रतीक्षा ज़रूरी है। ऐसा नहीं है कि परमात्मा नाराज़ है और आपके पास नहीं आ रहा है। लेकिन आपको उसके पास जाना पड़ेगा। और जिस दिन आप जाएँगे, उस दिन आप पाएँगे, वह सदा तत्पर था आपको मिलने को। लेकिन आप ही राज़ी नहीं थे।

❛ द्रौपदी वाले पहले प्रश्न में, कृष्ण का द्रौपदी के प्रति बहुत अनुराग है, इसकी चर्चा नहीं हुई। इस

पर कुछ सुनना चाहेंगे।'

द्रौपदी ऐसी है कि कृष्ण का अनुराग उस पर हो। ऐसे तो कृष्ण का अनुराग सब पर है। लेकिन द्रौपदी के पास पात्र बहुत बड़ा है। सागर के तट पर हम जाएँ, तो अपने-अपने पात्र के बराबर भर ले आते हैं। सागर तो बहुत बड़ा है। और कभी सागर कहता नहीं कि कितना बड़ा पात्र लेकर मेरे पास तुम आओ। जितना बड़ा पात्र हो, उतना लेकर हम जाते हैं।

द्रौपदी के पास बड़े-से-बड़ा पात्र है और कृष्ण का बहुत अनुराग उसे उपलब्ध हुआ है। और वह अनुराग और वह प्रेम बड़ा गहरा, बड़ा वायवी, जिसको कहें 'प्लेटनिक'-इतना गहरा है कि कृष्ण और द्रौपदी के बीच किसी तरह की शारीरिक निकटता का कोई आग्रह नहीं है। लेकिन जितने कृष्ण द्रौपदी के काम पड़ते हैं, उतने किसी के काम नहीं पड़ते हैं। और जब भी वक्त आ जाता है, तब वे तत्काल मौजूद हो जाते हैं। जैसे कि पीछे हम बात कर रहे थे कि उसे नग्न किया जा रहा है, उघाड़ा जा रहा है, तब वे मौजूद हो गए हैं।

तो प्रेम है जो मुखर होता है, जो बोलता है और एक प्रेम है जो मौन होता है, बोलता नहीं है। और ध्यान रहे, बोले जानेवाला प्रेम बहुत गहरा नहीं हो पाता, छिछला हो जाता है। वाणी में कोई बहुत गहराई नहीं है। मौन रह जानेवाला प्रेम बहुत गहरा हो जाता है। मौन की बड़ी गहराई है। द्रौपदी का प्रेम बड़ा मौन है। बहुत मौके पर दिखायी पड़ता है, लेकिन प्रकट और आक्रामक नहीं है। और मौन प्रेम जितने दूर तक प्रभावित करता है प्रेमी को, उतना कोई और प्रेम प्रभावित नहीं करता है। कृष्ण काम तो पड़ जाते हैं द्रौपदी के जगह-जगह, लेकिन कृष्ण का यह प्रेम और द्रौपदी का यह कृष्ण के प्रति लगाव कहीं बहुत स्थूल घटनाओं में रूपांतरित नहीं होता। असल में स्थूल में रूपांतरित होने का आग्रह ही तब होता है, जब हम सूक्ष्म में नहीं मिल पाते हैं। अन्यथा प्रेम दूर भी रह सकता है, कोसों दूर रह सकता है। अन्यथा प्रेम समय में भी फ़ासले पर हो सकता है। अन्यथा ऐसा भी हो सकता है कि प्रेम कभी निवेदन भी न करे कि प्रेम है। इतना चुप भी हो सकता है।

लेकिन कृष्ण जैसे व्यक्ति की इतनी चुप्पी भी समझ में आ सकती

है। सभी को समझ में नहीं आएगी। इसलिए प्रेम न भी हो हमारे भीतर, तो भी वाणी से प्रकट करने से काम चलता है। क्योंकि वाणी समझ में आती है, प्रेम तो समझ में आता नहीं। अभी प्रेम पर किताबें लिखी जाती हैं। मनोवैज्ञानिक प्रेम पर किताबें लिखते हैं। तो वह उसमें इस बात पर बहुत ज़ोर देते हैं कि चाहे प्रेम हो या न हो, चाहे प्रेम का क्षण हो या न हो, लेकिन प्रकट ज़रूर करते रहो। पति जब साँझ को घर लौटे, तो चाहे वह थका-माँदा हो, चाहे वह कितना ही परेशान हो, मनोवैज्ञानिक कहते हैं उसे आकर एकदम पत्नी को देखकर खिल जाना चाहिए। चाहे यह अभिनय करना पड़े। एकदम उसे कुछ ऐसी बातें कहनी चाहिए, जो प्रेमपूर्ण हैं। जब वह सुबह जाने लगे तो उसे बड़ी पीड़ा दर्शानी चाहिए कि वह पत्नी से कुछ घंटों के लिए छूट रहा है। चाहे उसे बड़ा सुख मिल रहा हो। यह मनोवैज्ञानिक ठीक कहते हैं। वह इसलिए ठीक कहते हैं कि हम शब्दों पर जी रहे हैं। यहाँ असली प्रेम से मतलब किसे है, प्रयोजन किसे है! हम शब्दों पर जीते हैं। एक आदमी ने आपका कुछ थोड़ा-सा काम किया और आप उसे सिर झुकाकर धन्यवाद दे देते हैं। आपने धन्यवाद अनुभव किया या नहीं किया, यह सवाल नहीं है बड़ा। लेकिन आप सिर झुकाकर धन्यवाद दे देते हैं। उस आदमी को तो धन्यवाद मिल जाता है, आपने दिया या नहीं, यह सवाल नहीं। क्योंकि शब्दों में हम जीते हैं। लेकिन अगर आपने धन्यवाद न दिया, चाहे भीतर अनुभव भी किया, तो भी वह आदमी दुःखी होकर चला जाता है कि कैसे पागल आदमी हैं, मैंने इतना काम किया, धन्यवाद तक न दिया।

हम मौन को नहीं समझ पाते, इसलिए वाणी में ही हमारा सब चलता है। लेकिन ध्यान रहे, यह कभी ख़याल में आया हो, न आया हो, जब हम किसी के प्रति बहुत प्रेम में भरे होते हैं तो वाणी एकदम निरस्त हो जाती है। जब हम किसी के प्रति बहुत प्रेम से भरे होते हैं तो अचानक पाते हैं अब बोलने को कुछ भी नहीं बचा, कहने को कुछ भी नहीं बचा। प्रेमी बहुत तय करते हैं कि जब अपने प्रेमपात्रों को मिलेंगे तो यह कहेंगे, यह कहेंगे, यह कहेंगे और जब मिलते हैं तब अचानक पाते हैं कि कुछ याद नहीं पड़ता क्या कहना था! सब चुप हो गया है, मौन हो गया है। बीच में मौन खड़ा हो जाता है।

द्रौपदी और कृष्ण का प्रेम बड़ा मौन है। वह और मुखर प्रेमों की तरह नहीं है। लेकिन उसकी गहरी संवेदना कृष्ण पर हुई है। इसलिए जितने काम वे द्रौपदी के पड़े उतने वे किसी के काम पड़े नहीं हैं। और पूरी महाभारत की कथा में कृष्ण छाया की तरह द्रौपदी की रक्षा करते रहे हैं। वह बड़ा दूर का नाता है। उसमें बहुत साफ़-साफ़ बीच में घटनाएँ नहीं दिखायी पड़ती हैं। लेकिन बहुत छाया-संबंध है। वह बहुत चुपचाप 'इंटीमेटली' चलता रहता है।

'पश्चिम के सागर-तट की सुरक्षा तथा बाहरी आक्रमण से बचने के लिए कृष्ण ने मथुरा का त्याग और द्वारका का वास किया था। सुना है कि मथुरा के लोग भगवान् कृष्ण को आपत्ति समझते थे, क्योंकि उनके कारण ही जरासंध आदि राजा मथुरा पर आक्रमण करने पर तुले थे! कृष्ण को भी जरासंध हरा सका, यह उनके चरित्र के मानवीय अंश का छोर नहीं है क्या?'

जीवन में हार और जीत कपड़े के आड़े और तिरछे तानों-बानों की तरह होती है। अकेली जीत से कोई जीवन नहीं बनता। खड़े ताने रह जाते हैं, आड़े ताने नहीं होते। अकेली हार से कोई जीवन नहीं बनता, आड़े ताने रह जाते हैं, खड़े ताने नहीं होते। जीवन के कपड़े की जो बुनावट है वह हार और जीत के इकट्ठे साथ, सफलता और असफलता के इकट्ठे साथ, ग़लत और सही के इकट्ठे साथ से बुना जाता है। जीवन है, तो वे दोनों हैं।

इसलिए असली सवाल यह नहीं है कि कब कृष्ण हार जाते हैं किससे और कब जीत जाते हैं। असली सवाल जो है वह यह है कि 'टोटल' ज़िंदगी का परिणाम जीत है कि हार है। सभी की ज़िंदगी के लिए। यह सवाल नहीं है कि आप कब हार गए थे और कब जीत गए थे, क्योंकि हो सकता है, आपकी हार जीत के लिए सीढ़ी बनी हो। और यह भी हो सकता है कि आपकी जीत सिर्फ़ एक बड़ी हार में कूदने के लिए खाई बन गयी हो। ज़िंदगी के ताने-बाने विराट्, जटिल हैं। यहाँ सब हारें हारें नहीं हैं, यहाँ सब जीतें जीतें

नहीं हैं। इसलिए आख़िरी जो निर्णय है, वह यह नहीं होता है कि आदमी कब असफल हुआ और कब सफल हुआ, कब हारा, कब जीता? असली सवाल यह है कि उसकी पूरी ज़िंदगी की कथा का सार निचोड़ जीत है कि हार?

इसलिए बहुत स्वाभाविक है कि कृष्ण की ज़िंदगी में भी कुछ हार के क्षण हों। ज़िंदगी है तो होंगे। अगर भगवान् को भी जीना हो, तो भी उसे आदमी की तरह ही जीना होगा। ज़िंदगी में तो उसे आदमी की तरह ही खड़ा होना होगा। और ज़िंदगी के सुख-दुःख उसे एक-साथ स्वीकार करने पड़ेंगे। अगर जो आदमी हारने को तैयार नहीं है, उसे पक्का कर लेना चाहिए कि उसे जीतने का ख़्याल छोड़ देना चाहिए।

कृष्ण की ज़िंदगी में दोनों हैं। इसलिए ज़िंदगी मेरे लिए मानवीय किसी हीनता के अर्थ में नहीं हो जाती, बल्कि गरिमा के अर्थ में हो जाती है। यानी कृष्ण हार भी सकते हैं, इतने अद्‌भुत आदमी हैं। जीत की ज़िद्द नहीं है। जीतेंगे ही, जीतकर ही रहेंगे, जीतते ही रहेंगे, ऐसा अभिमान भी नहीं है। हार भी आ सकती है। भागना भी आ सकता है। कहीं पलायन भी हो सकता है, कहीं से जगह भी छोड़नी पड़ सकती है। यह सब स्वीकार है। ज़िंदगी के सब ताने-बाने, जैसे हैं वह स्वीकृत हैं। इसमें चुनाव नहीं है कि हम यही करके रहेंगे। बस इतना ही हम राज़ी हैं, आगे हम राज़ी नहीं हैं। तो कृष्ण की बहुत जगह जो 'ह्यूमिनिटी' है, वह कई जगह बुद्ध और महावीर की 'डिविनिटी' के सामने छोटी मालूम पड़ेगी। बुद्ध और महावीर एकदम 'डिवाइन' मालूम पड़ते हैं, एकदम दिव्य मालूम पड़ते हैं, उनमें मानवीयता बिल्कुल नहीं मालूम पड़ती। लेकिन ध्यान रहे, बहुत दिव्यता अमानवीयता भी हो जाती है। बहुत दिव्यता में, वह जो मानवीय नाजुकता है, वह जो 'डेलीकेसी' है, वह खो जाती है और चीज़ें सख़्त हो जाती हैं।

कृष्ण सख़्त होने को राज़ी नहीं हैं। इसलिए जिसको हम मानवीय कमज़ोरियाँ कहते हैं, वह कृष्ण में सब-की-सब स्वीकृत हैं। कहावत है अँग्रेज़ी में, 'टु एरर इज ह्यूमन', भूल करना मानवीय है। लेकिन इससे उल्टी कहावत नहीं है, 'नेवर टु एरर इज इन ह्यूमन'। पर वह भी सच है। कभी भी भूल न करना बड़ा अमानवीय हो जाना है। पर भूल को भूल की तरह

लेने की ज़रूरत कृष्ण को नहीं मालूम पड़ती है। वह ज़िंदगी में आया हुआ हिस्सा है, वह उसे लिए चले जाते हैं।

और यह भी सच है कि उन्हें मथुरा छोड़ देनी पड़ी। कृष्ण जैसे व्यक्ति को बहुत जगहें छोड़नी पड़ सकती हैं। वे कई जगह उपद्रव के सिद्ध हो सकते हैं। कई जगह उन्हें सहने के लिए धीरे-धीरे असमर्थ हो सकती हैं। कई जगह आख़िर में उनसे कह सकती हैं कि आपसे हम क्षमा चाहते हैं, आप हट जाएँ, क्योंकि कृष्ण के साथ चलना और कृष्ण के साथ जीना और कृष्ण को समझना आसान नहीं है। तो वह हट जाते हैं। इस हटने में कोई उन्हें कठिनाई नहीं होती। वे ऐसे ही हट जाते हैं, क्योंकि वे पैर जमाकर कहीं भी खड़े नहीं हो गए हैं कि वहाँ होने का उन्होंने निश्चय कर रखा है। वह हट जाते हैं। हटने में बड़ी सरलता का उपयोग करते हैं, चुपचाप हट जाते हैं। फिर पीछे लौटकर भी नहीं देखते। इधर पीछे जो उन्हें प्रेम करते हैं, परेशान हैं, ख़बरों पर ख़बरें भेजते हैं, चिट्ठियों पर चिट्ठियाँ लिखते हैं, पता लगाते हैं कि वे याद भी करते हैं कि नहीं करते हैं, लेकिन वे दूसरी जगह पहुँच गए हैं। अब वे दूसरी जगह को याद करेंगे कि इस जगह को याद करेंगे। वह भूल गए हैं। वह जहाँ हैं, वहाँ पूरे हैं। इसलिए कठोर भी मालूम पड़ते हैं।

कृष्ण की ज़िंदगी एक बहाव है। हवाएँ पूरब जाती हैं तो वे पूरब चले जाते हैं, हवाएँ पश्चिम जाती हैं तो वे पश्चिम चले जाते हैं, कृष्ण का अपना आग्रह नहीं है कि मैं यहीं रहूँगा, ऐसा ही रहूँगा, ऐसा ही होने की मैंने कसम खा रखी है, ऐसा कुछ भी नहीं है। ज़िंदगी जहाँ ले जाती है, वे राज़ी हैं। और लाओत्से का एक वचन है, वह मैं कहूँ आपको। लाओत्से कहता है, हवाओं की तरह हो जाओ। जब हवाएँ पूरब जाएँ तो पूरब, जब हवाएँ पश्चिम जाएँ तो पश्चिम, तुम आग्रह मत करो कि मैं यहाँ ही जाऊँगा।

एक छोटी-सी झेन कहानी है। एक नदी पर तीव्र पुर है। ज़ोर का बहाव है- बाढ़ है आयी हुई। पागल दौड़ती है नदी। और दो घास के दो छोटे से तिनके उसमें बह रहे हैं। एक तिनके ने नदी की बाढ़ में अपने को आड़ा डाल रखा है और नदी से लड़ रहा है। कुछ फ़र्क़ नहीं पड़ रहा है नदी को। उसे पता भी नहीं कि यह तिनका नदी से लड़ रहा है। लेकिन

तिनका है कि मरा जा रहा है, तिनका है कि लड़े जा रहा है। लड़ रहा है, फिर भी बह तो रहा ही है। क्योंकि नदी बही जा रही है। कोई तिनके के लड़ने से नदी रुकती नहीं। दूसरे तिनके ने नदी में अपने को सीधा छोड़ दिया है, लंबाई में। और वह बड़ा आनंदित है और बड़ा नाच रहा है, क्योंकि वह यह सोच रहा है कि नदी को बहने का मैं रास्ता दे रहा हूँ। नदी मेरे सहारे बही जा रही है। नदी को कोई फ़र्क़ नहीं पड़ता है। नदी को उन दोनों तिनकों का भी पता नहीं है, लेकिन उन तिनकों को बहुत फ़र्क़ पड़ता है।

ज़िंदगी में दो ही तरह के लोग हैं। आग्रहशील—ऐसे ही होंगे, यही होंगे, यही करेंगे, ऐसे लोग उस तिनके की तरह हैं, जो नदी में अपने को आड़े डाल देते हैं। इससे नदी को कोई फ़र्क़ नहीं पड़ता, जीवन की धारा बही चली जाती है। वे आड़े ही बहते रहते हैं, लेकिन कष्ट बड़ा भोगते हैं। ऐसे भी लोग हैं, जो ज़िंदगी में, नदी की धार में अपने को सीधा लंबा छोड़ देते हैं। वे कहते हैं कि हम साथ-साथ हैं। हम तुम्हें साथ ही दे रहे हैं! नदी, बहो! हमारे साथ ही बहो! वे बड़े आनंदित होते हैं और नाच पाते हैं। कृष्ण के होंठों पर बाँसुरी संभव हो सकी, क्योंकि वे लंबी धारा में अपने को छोड़े हुए आदमी हैं। ज़िंदगी की धारा के साथ वे एक हैं। आड़े नहीं हैं, नहीं तो बाँसुरी मुश्किल थी। महावीर के ओंठ पर बाँसुरी नहीं रख सकते आप। एकदम फेंक देंगे कि क्या पागलपन कर रहे हो! कृष्ण के ओंठ पर बाँसुरी रखी जा सकती है। यह आदमी बाँसुरी बजा सकता है। उसका कुल कारण इतना है कि नदी की, जीवन की धारा से कोई ऐसा संघर्ष नहीं है, नदी जहाँ ले जाती है, जाने को राज़ी हैं। अगर मथुरा से नदी बह गयी, तो द्वारका में बहेगी, हर्ज क्या है! अगर मथुरा के घाट से छूट गया सब तो द्वारका में घाट बन जाएगा, हर्ज क्या है! अनाग्रहशील व्यक्तित्व का वह लक्षण है।

‘भगवान्श्री, कालयवन मानता है कि कृष्ण भागते हैं, मगर कृष्ण भगाते हैं उसे और ले जाते हैं उस गुफा में, जहाँ मुचकुंद सोया हुआ है। मुचकुंद जागता है और उसकी दृष्टि से, पुराणकार कहते हैं, कालयवन

जल जाता है। वह क्या तात्पर्य रखता है?'

इन सारे शब्दों के प्रतीक अर्थ हैं। यह कृष्ण की कथा में बहुत कुछ जुड़ा है। बहुत कुछ सिर्फ़ प्रतीक है, 'मेटाफॅर' है। बहुत कुछ किन्हीं घटनाओं से संबंधित है। बहुत कुछ उसकी 'फिलासिफी', किसी 'मेटाफिजिक्स' से संबंधित है, यह सब जुड़ा है। कृष्ण किसी को भगाते हैं, ऐसा हमें दिखायी पड़ सकता है। जो भाग रहा है, उसको भी दिखायी पड़ सकता है। जो भाग रहा है, उसको भी दिखायी पड़ सकता है कि मुझे भगा रहे हैं। लेकिन जहाँ तक मेरी समझ है, कृष्ण जैसा व्यक्ति किसी को भगाता नहीं, भगाने की घटना घट सकती है। स्थिति ऐसी हो सकती है कि भागना किसी के लिए अनिवार्य हो जाए और कृष्ण को पीछा करना अनिवार्य हो जाए। अब इसमें बड़ा तय करना मुश्किल है।

मैंने सुना है कि एक आदमी सुबह एक गाय के गले में रस्सी बाँधकर ले जा रहा है। और रास्ते के लोगों में से कोई एक फ़क़ीर ने, एक सूफ़ी फ़क़ीर ने उससे पूछा है कि तुम गाय से बंधे हो कि गाय तुमसे बँधी है? उस आदमी ने कहा, पागल हो गए हो! मैं गाय को बाँधे हुए हूँ। मैं क्यों गाय से बँधा होने लगा? तो उस फ़क़ीर ने पूछा, फिर मैं तुमसे एक काम कहता हूँ, अगर गाय छोड़ दी जाए और भागे, तो तुम गाय के पीछे भागोगे कि गाय तुम्हारे पीछे भागेगी।' उस आदमी ने कहा, 'मुझे गाय के पीछे भागना पड़ेगा।' तो उस फ़क़ीर ने कहा, 'फिर बँधा कौन है किससे?'

असल में बँधना हमेशा दोतरफ़ा है। जो भाग रहा है, वह कृष्ण को भगा रहा है अपने पीछे कि कृष्ण भागकर उसको आगे भगा रहे हैं, इसको एक हिस्से में तोड़कर तय करना मुश्किल हो जाएगा। इतना ही हम कह सकते हैं कि भागना घटित हो रहा है। उसमें एक आगे है और एक पीछे है। हाँ, इसमें कौन कहाँ है और कौन भगा रहा है, कौन भाग रहा है, ऐसा तय करना मुश्किल है। लेकिन कृष्ण के व्यक्तित्व को देखकर हम सोच सकते हैं कि वह चूँकि इतने सहज जीते हैं, इसलिए किसी चीज़ से उनका अगर संघर्ष भी है, तो वह संघर्ष भी किसी सहयोग से ही फलित हुआ है। वह किसी सीधे बहाव से ही फलित हुआ है।

और जब कथा कहती है कि कालयवन जल जाता है, तो मेरा अपना मानना है कि यह काल के जल जाने का प्रतीक है। यह समय के जल जाने का प्रतीक है, यह 'टाइम' के जल जाने का प्रतीक है। समय ही शायद हमारी ज़िंदगी की सबसे बड़ी दुविधा, तनाव और तकलीफ है। समय ही शायद हमारा संताप और 'एंग्विस' है। समय ही शायद हमारा खिंचा हुआ होना है। समय जल जाए, इसे हम ऐसा कह सकते हैं कि काल ही शायद एकमात्र राक्षस है, काल ही है, जिससे हमारा संघर्ष चल रहा है प्रतिपल और काल ही है, जो हमें लील जाएगा और समाप्त कर देगा। लेकिन कभी-कभी समय जल जाता है।

किनसे जल जाता है? कौन समय को जला देते हैं?

आप कह रहे हैं न, कृष्ण आगे भाग रहे हैं। जो समय के पीछे भागेगा, वह समय को नहीं जला सकेगा। जो समय के आगे भागेगा, वह समय को जला सकता है। हाँ, समय के पीछे जो भागेगा, वह तो कभी समय को नहीं जला सकेगा। वह तो समय का अनुगामी होकर जिएगा। लेकिन जो समय के आगे भागने लगता है, वह समय को जला सकता है, क्योंकि समय सिर्फ़ छाया रह जाती है और वह समय के आगे हो जाता है। वह समय को जला सकता है। और सोए हुए मुचकुंद की आँख खुलने से जल जाता है।

मैंने कहा कि यह मेरे लिए प्रतीक-कथा है। असल में सोयी हुई आँख के लिए ही समय है। खुली हुई आँखों के लिए समय नहीं है। हम जितने 'अनअवेयर' हैं, हम जितने सोये हुए हैं और जितने 'अनकांसॅस' हैं, उतना ही समय है। जिस दिन हम पूरे 'कांसॅस' हैं और पूरे जागे हुए हैं और आँख खुली है, उसी दिन समय जल जाता है। किसी की भी आँख खुल जाए—और हम सभी गुफाओं मे सोये हुए हैं, कृष्ण की मौजूदगी किसी गुफा में सोये हुए आदमी की आँख खोलने का कारण बन सकती है और कृष्ण के पीछे आता हुआ समय उसकी खुली आँख में भी जल सकता है। उसके लिए भी जल सकता है। कृष्ण के लिए तो मैं मानता हूँ, समय नहीं है, मुचकुंद के लिए रहा होगा। वह जल सकता है।

इन प्रतीक को अगर हम कभी भी जीवन-सत्यों की तरह शोध में लगाएँ, तो बड़ी आश्चर्यजनक अनुभूतियाँ उपलब्ध होती हैं और बड़ी

आश्चर्यजनक अंतर्दृष्टियाँ उपलब्ध होती हैं, लेकिन हम इन सबको कथाएँ मानकर बैठ गए हैं। और इन सबको कथाएँ मानकर दोहराए चले जाते हैं। लेकिन ऐतिहासिक घटनाओं से ज़्यादा कहीं मनुष्य के चित्त पर घटी हुई संभावनाओं, मनुष्य के चित्त में छिपी हुई 'पोटेंशियलिटीज', मनुष्य के चित्त में होनेवाली विराट् लीला के ये हिस्से हैं। लेकिन इस भाँति हमने कभी उनपर बहुत गौर से देखने की कोशिश नहीं की है। इससे बहुत अड़चन हुई है। और इसलिए कृष्ण जैसे व्यक्तित्व हमें धीरे-धीरे झूठे मालूम पड़ने लगते हैं। क्योंकि इतना सब कुछ उनमें मिल जाता है कि उसे तय करना मुश्किल हो जाता है कि यह कैसे संभव हो सकता है! कृष्ण जैसे व्यक्तियों की बड़ी 'साइकोलॉजिकल कमेंट्री' की ज़रूरत है कि उनका पूरा-का-पूरा व्यक्तित्व मनस-शास्त्र के हिसाब से खोला जा सके।

और एक आख़िरी बात आपसे कहूँ, और वह यह कहना चाहूँगा कि पुराने आदमी के पास दूसरा उपाय न था। उसने जो मनस-सत्य भी जाने थे, उनको भी वह कथा के प्रतीकों में ही रख सकता था। उनमें ही उनको ढाँक सकता था। उनमें ही उनको छिपा सकता था। उनके सिवा कोई मार्ग ही नहीं था उसके पास। लेकिन आज हमारे पास मार्ग है कि हम उनको खोल लें। जीसस ने एक जगह कहा है कि मैं तुमसे ऐसी भाषा में कहता हूँ कि जो समझ सकते हैं वह समझ लेंगे, और जो नहीं समझ सकते, उन्हें कोई हानि न होगी। वे एक कहानी सुनने का मज़ा ले लेंगे।

हम सब कहानी सुनने का मज़ा लेते रहे हज़ारों साल तक। और धीरे-धीरे कुंजियाँ भी खो गईं, जिनसे उन कहानियों को खोला जा सकता था। इधर जो बातें मैं कह रहा हूँ, शायद उससे कुछ कुंजियाँ आपके ख़याल में आएँ और जीवन के सत्य बन जाएँ। तो सच में ही ऐसा उनका अर्थ है, इससे मुझे प्रयोजन नहीं है। आपके चित्त के लिए अगर वैसा अर्थ खुल जाए, तो वह आपके लिए हितकर हो सकता है, कल्याणकारी हो सकता है, मंगलदायी हो सकता है।

तीसरा प्रवचन

साधना-रहित सिद्धि के परम प्रतीक कृष्ण

‘भगवान्‌श्री, कृष्ण का व्यक्तित्व, कृष्ण की बाँसुरी, कृष्ण की राधा, कृष्ण के रास से लेकर सुदर्शन चक्र तक हमें बहुत कुछ जानने का मौक़ा मिला। आज एक नया स्वरूप कृष्ण का आपकी वाणी से, आपके मुख से सुनने के लिए हम उत्सुक हैं। हम चाहेंगे कि आप कृष्ण से संबंधित उनकी साधना, उनका दर्शन, उनसे संबंधित उपासना पर अपने विचार प्रस्तुत करें, ताकि हम कृष्ण के दूसरे स्वरूप को भी जान सकें। कृष्ण ने तो केवल एक अर्जुन का मोह भंग किया था, यहाँ पर हम सब अर्जुन बैठे हुए हैं और सब मोह से ग्रसित हैं, उन सबका मोह भंग करने के एकमात्र अधिकारी आप हैं।’

‘भगवान्‌श्री, गत पाँच दिनों में आपने माखनचोर और रासलीला करते हुए कृष्ण को विराट् जीवन की पूर्णता का या योग की पूर्णता का केंद्र बताया। यदि सूक्ष्मता से आपकी दृष्टि को समझें और यह कहें कि रासलीला आदि जीवन के सत्य हैं और गीता के कृष्ण अथवा कृष्ण की गीता जीवन का निचोड़ है, जीवन का सार है, क्योंकि आपने भी कहा कि गीता प्रमाण है कृष्ण का, ऐसा नहीं कहा कि रासलीला प्रमाण है कृष्ण का। आपने कहा कि महावीर और बुद्ध एक-आयामी, ‘वन-डयमेंशनल’ हैं और इसीलिए शायद पूर्ण नहीं हैं। और, यह भी आपने ही कहा है कि महावीर छठवें और सातवें

शरीर को पाकर योग की पूर्णता को पाए हैं। तो क्या जीवन में रासलीला हुई, या कुछ उल्टा-सीधा करना पड़ा, इसलिए कृष्ण पूर्ण ठहरे या कि गीता जैसे ग्रंथ को देने के कारण पूर्ण हुए?'

'एक बात और कि महावीर के जीवन में जीवन की पूर्णता न निखरी, तो क्या उनके पहले के तेईस तीर्थंकरों को भी उन बहुआयामों का ख़याल नहीं आया था?'

'यदि हम दमन को न लें, तो फिर संयम का क्या अर्थ है? दमन को छोड़ दें तो साधना में संयम की क्या स्थिति है?'

सबसे पहले पूर्णता का अर्थ समझ लेना चाहिए। पूर्णता भी एक-आयामी और बहु-आयामी हो सकती है। एक चित्रकार पूर्ण हो सकता है चित्रकला में, लेकिन इससे वह वैज्ञानिक की तरह पूर्ण नहीं हो जाता। एक वैज्ञानिक पूर्ण हो सकता है विज्ञान में, लेकिन इससे वह संगीतज्ञ की तरह पूर्ण नहीं हो जाता। तो पूर्णता का एक अर्थ तो 'वन-डायमेंशनल' है। इसलिए मैं महावीर, बुद्ध या जीसस को पूर्ण कहता हूँ—एक-आयामी अर्थों में। कृष्ण को बहुत दूसरे अर्थों में पूर्ण कहता हूँ, बहु-आयामी, 'मल्टी-डायमेंशनल' अर्थों में। जीवन के जितने आयाम हैं, जीवन की जितनी दिशाएँ हैं, उनमें से हम सारी दिशाओं का त्याग करके एक दिशा में पूर्ण हों, यह संभव है। इस तरह की पूर्णता भी परम सत्य तक ले जाती है। वह नदी भी सागर पहुँच जाती है, जो एक ही धारा बनकर बहती है। वह नदी भी सागर पहुँच जाती है, जो हज़ार धाराओं में टूटकर सागर की तरफ़ बहती है। सागर तक पहुँचने के लिए इस संबंध में कोई भेद नहीं है। महावीर भी सागर में पहुँच जाते हैं, बुद्ध भी और कृष्ण भी। लेकिन महावीर एक धारा की भाँति पहुँचते हैं, कृष्ण अनंत धाराओं की भाँति पहुँचते हैं।

इसलिए कृष्ण की पूर्णता बहु-आयामी हैं। वह एक-आयामी नहीं हैं 'मल्टी डायमेंशनल' हैं। इससे कोई यह न समझ ले कि महावीर वहाँ नहीं पहुँच पाते, सातवें शरीर के पार, बिल्कुल पहुँच जाते हैं। लेकिन कृष्ण

बहुत-बहुत मार्गों से वहाँ पहुँचते हैं। और बिना किसी जीवन के तत्त्व का निषेध किए पहुँचते हैं। महावीर या बुद्ध निषेध किए बिना नहीं पहुँचते हैं। इसलिए महावीर और बुद्ध के जीवन में निषेध का, 'निगेशन' का अनिवार्य तत्त्व है। कृष्ण के जीवन में निषेध का कोई तत्त्व नहीं है। कृष्ण का जीवन पूरी तरह 'पॉजिटिव', विधायक है। महावीर कुछ छोड़कर पहुँचते हैं, कृष्ण सबको आत्मसात करके पहुँचते हैं।

इसलिए मैंने कृष्ण की पूर्णता को भिन्न कहा है। इससे कोई ऐसा न समझे कि महावीर अपूर्ण हैं। इतना ही समझे कि उनकी पूर्णता एक-आयामी है, कृष्ण की पूर्णता बहु-आयामी है। और भविष्य के मनुष्य के लिए एक-आयामी पूर्णता का बहुत अर्थ नहीं होगा। भविष्य के मनुष्य के लिए बहु-आयामी पूर्णता का ही अर्थ होगा। इसका एक और ख़याल ले लेना ज़रूरी है कि जो व्यक्तित्व भी एक दिशा से पूर्ण होता है, वह अपने जीवन में ही दूसरी दिशाओं का निषेध नहीं कर रहा है, उसके एक दिशा से पूर्ण होने के कारण दूसरी दिशाएँ दूसरे लोगों के जीवन में भी निषिद्ध होती हैं। जो व्यक्ति अपने जीवन में सब दिशाओं से यात्रा करता है, उसके कारण विभिन्न दिशाओं से यात्रा करनेवाले एक-आयामी सब तरह के लोगों को सहारा मिलता है। जैसे हम यह सोच ही नहीं सकते कि कोई चित्रकार या कोई मूर्तिकार या कोई कवि, महावीर की चिंतन के आधार पर कभी ब्रह्म को उपलब्ध हो सकता है। यह हम सोच ही नहीं सकते। महावीर की साधना एक-आयामी उनके जीवन में ही नहीं बनेगी, जो उस साधना को समझेंगे उनके जीवन में भी शेष सारी दिशाओं का निषेध हो जाएगा। यह हम सोच ही नहीं सकते कि कोई नर्तक भी ब्रह्म को उपलब्ध हो सकता है। महावीर के साथ नहीं सोच सकते हैं। कृष्ण के साथ सोच सकते हैं। एक नर्तक भी और सारी दिशाओं को छोड़ दे और सिर्फ़ नाचता ही चला जाए और नृत्य में डूबता चला जाए, तो उस क्षण को उपलब्ध हो सकता है, जिस क्षण को महावीर ध्यान से उपलब्ध होते हैं। यह कृष्ण के साथ संभव है।

तो कृष्ण अपने जीवन से समस्त दिशाओं को भागवत-स्वरूप प्रदान कर देते हैं–समस्त दिशाओं को। समस्त दिशाएँ कृष्ण के साथ पवित्र हो

जाती हैं। महावीर के साथ सभी दिशाएँ पवित्र नहीं होतीं। जिस दिशा से वे यात्रा करते हैं, वही दिशा पवित्र होती है। और उसके पवित्र होने के कारण अनिवार्य रूप से शेष अपवित्र हो जाती हैं। शेष का गहरा 'कंडमनेशन' और निंदा अपने-आप हो जाता है। ऐसा महावीर के साथ ही नहीं होता, बुद्ध के साथ भी होता है, क्राइस्ट के साथ भी होता है। राम के साथ भी होता है। शंकर के साथ भी होता है।

कृष्ण एकमात्र ऐसे व्यक्ति हैं, जिसको हम कह सकें कि जिसने समस्त जीवन को, समस्त दिशाओं को पवित्रता प्रदान कर दी है। और किसी भी दिशा में गया हुआ व्यक्ति ब्रह्म तक पहुँच सकता है। इस अर्थों में वह 'मल्टी-डायमेंशनल' हैं। खुद के जीवन में ही नहीं, दूसरों के जीवन के लिए भी 'मल्टी-डायमेंशनल' हैं। बाँसुरी बजाकर भी कोई ब्रह्म को उपलब्ध हो सकता है, क्योकि बाँसुरी की भी अंतिम क्षण अवस्था समाधि की हो जाएगी। लेकिन महावीर या बुद्ध के साथ बाँसुरी बजाकर कोई ब्रह्म को उपलब्ध नहीं हो सकता है। ऐसी कोई संभावना उनके व्यक्तित्व में नहीं है, जो बाँसुरी को भी इतनी गरिमा दे दे, जितनी ध्यान और समाधि को है। इसका कोई उपाय नहीं है। मीरा उपलब्धि के मार्ग पर नहीं हो सकती, महावीर के हिसाब से। राग के ही मार्ग पर है। और राग कभी भी परमात्मा तक नहीं पहुँचा सकता, महावीर की दृष्टि में। वैराग्य ही पहुँचाएगा। कृष्ण के साथ वैरागी पहुँच जाता है, रागी भी पहुँच जाता है। इन अर्थों में मैंने कहा कि कृष्ण की पूर्णता का कोई मुक़ाबला नहीं है, कोई उपमा नहीं है।

दूसरी बात पूछी गई है कि क्या तेईस तीर्थंकर, महावीर को छोड़ दें तो उनके पहले के तेईस तीर्थंकर, वे कोई भी पूर्णता को उपलब्ध नहीं हुए? वे सब पूर्णता को उपलब्ध हुए। लेकिन एक-आयामी पूर्णता को ही उपलब्ध हुए। और एक-आयामी पूर्णता के कारण ही जैन-विचार बहुत व्यापक नहीं हो सका। हो नहीं सकता। महावीर को मरे ढाई हज़ार वर्ष हो गए हैं, आज भी जैनियों की संख्या तीस-पैंतीस लाख से ज़्यादा नहीं है। थोड़ा सोचने जैसा है कि महावीर जैसी प्रतिभा का आदमी जिस विचार को मिला हो—अकेला नहीं, और पीछे तेईस तीर्थंकरों का विराट् दर्शन मिला

हो—वह विचार तीस-पैंतीस लाख लोगों तक पहुँचा? अगर महावीर के ज़माने में तीस-पैंतीस आदमी भी उनसे प्रभावित हो जाएँ, तो इतने बच्चे पैदा हो जाएँगे। कारण क्या है? 'वन-डायमेंशनल' है, बहु-आयामी नहीं है। बहुत दिशाओं को स्पर्श नहीं करता, एक ही दिशा को स्पर्श करता है। इसलिए विभिन्न तरह के लोगों को प्रभावित नहीं कर सकता। बहुत विभिन्न तरह के लोग उस आयाम में अपने को मौजूद नहीं पा सकते।

फिर बड़े मज़े की बात यह है कि यह जो पच्चीस लाख जैन हैं, अगर इनकी तरफ़ भी हम ध्यान दें तो हम बहुत हैरानी में पड़ जाएँगे। यह भी महावीर के साथ इनमें से अनेक लोग वैसा व्यवहार कर रहे हैं जैसा व्यवहार कृष्ण के साथ तो उचित है, महावीर के साथ अनुचित है। महावीर के सामने आरती लेकर घुमा रहे हैं। कृष्ण के साथ चल सकता है। महावीर के साथ नहीं चल सकता। महावीर की भी भक्ति चल रही है! उसका मतलब यह है कि जैन-घरों में जो पैदा हुए हैं, उनका चित्त भी उस आयाम में नहीं बैठता है। वह बहुत थोड़े-से लोगों का आयाम है। तो जैन-घर में पैदा होने की वजह से आदमी जैन तो रहा चला जाएगा, लेकिन वह उस सबको सम्मिलित कर लेगा, जोकि महावीर के आयाम का नहीं है। भक्ति आ गई है जैन में, उपासना आ गई है, प्रार्थना आ गई है, पूजा आ गई है, इनका कोई संबंध महावीर से नहीं है। यह सब महावीर के साथ अनाचार है। महावीर के व्यक्तित्व में इनके लिए कोई गुंजाइश नहीं है लेकिन वह जो जैन है, उसके व्यक्तित्व की तकलीफ़ है। उसके व्यक्तित्व में इसके बिना तृप्ति नहीं है। तो महावीर के साथ यह सब जोड़े चला जा रहा है।

इसलिए और दूसरी बात आपसे कहूँ कि 'वन-डायमेंशनल' जितने भी व्यक्तित्व हैं, इनके साथ निरंतर अनाचार होगा। सिर्फ़ 'मल्टी-डायमेंशनल' व्यक्ति के साथ अनाचार आप नहीं कर सकते। क्योंकि आप कुछ भी करें, उसके लिए वह राज़ी हो सकता है। कृष्ण के साथ हज़ार तरह के लोग राज़ी हो सकते हैं, महावीर के साथ सिर्फ़ एक 'पार्टीकुलर टाइप' राज़ी हो सकता है।

इस वजह से मैंने कहा कि वह जो चौबीस तीर्थंकर हैं, वह सब

एक रूप हैं, एक ही यात्रा पर हैं। उन सबकी एक ही दिशा है, एक ही उनकी साधना है। ऐसा नहीं है कि वह नहीं पहुँच जाते हैं, यह मैं नहीं कह रहा हूँ, वह बिल्कुल पहुँच जाते हैं। अंतिम क्षणों में ऐसा नहीं है कि जो कृष्ण को मिलता है, वह उन्हें नहीं मिलता। वह उन्हें नहीं मिल जाता है। हज़ार धाराओं में नदी बहकर सागर पहुँचे कि एक धारा में पहुँचे, इससे क्या फ़र्क़ पड़ता है? सागर में पहुँचकर तो सब बात समाप्त हो जाती है। लेकिन एक धारा और एक मार्ग पर बहनेवाली नदी सारी पृथ्वी को नहीं घेर सकती, यह समझना चाहिए। हज़ार धाराओं में बहनेवाली नदी सारी पृथ्वी को भी घेर सकती है। एक धारा में बहनेवाली नदी के तट पर जो वृक्ष हैं उनको पानी मिल सकता है, हज़ार धाराओं में बहनेवाली नदी हज़ार मार्गों पर जो वृक्ष हैं, उनकी जड़ों को पानी दे पाती है। वह फ़र्क़ है। उस फ़र्क़ को इनकार नहीं किया जा सकता। उतने फ़र्क़ को ध्यान में रखना ज़रूरी है। बहु-आयामी से मैंने इतना ही कहना चाहा है।

तीसरी बात पूछी गयी है कि दमन को छोड़ दें तो संयम का क्या अर्थ है?

साधारणत: वैराग्य की भाषा में संयम का अर्थ दमन ही है। इसलिए जैन शरीर-दमन शब्द का भी उपयोग करते हैं। शरीर को दबाना है, दमन करना है। लेकिन, कृष्ण की भाषा में संयम का अर्थ दमन नहीं हो सकता। क्योंकि कृष्ण किस हिसाब से संयम का अर्थ दमन कर सकते हैं? कृष्ण की भाषा में संयम का अर्थ बिल्कुल और है। शब्द भी बड़ी दिक्कत देते हैं। क्योंकि शब्द तो एक ही होते हैं-चाहे कृष्ण के मुँह पर हों और चाहे महावीर के मुँह पर हों। संयम, शब्द एक ही है। लेकिन अर्थ बिल्कुल भिन्न हैं। क्योंकि ओंठ भिन्न हैं और उनका प्रयोग करनेवाला आदमी भिन्न है। और उसमें जो अर्थ है, उस व्यक्तित्व से आता है। शब्द में जो अर्थ है, वह 'डिक्शनरी' से नहीं आता। 'डिक्शनरी' से सिर्फ़ उनके लिए आता है, जिनके पास कोई व्यक्तित्व नहीं है, जिनके पास व्यक्तित्व है, उनके लिए शब्द का अर्थ भीतर से आता है। कृष्ण के ओंठ पर संयम का क्या अर्थ है, यह कृष्ण को समझे बिना नहीं कहा जा सकता। महावीर के ओंठ पर संयम का क्या

अर्थ है, यह महावीर को समझे बिना नहीं कहा जा सकता। संयम का अर्थ महावीर से निकलेगा, या कृष्ण से निकलेगा। अब कृष्ण को देखते हुए कहा जा सकता है कि संयम का अर्थ दमन नहीं हो सकता। क्योंकि अगर दुनिया में कोई भी अ-दमित, 'अनसप्रेस्ड' आदमी है, तो वह कृष्ण हैं।

तो संयम का क्या अर्थ होगा?

ऐसे मेरी समझ में, संयम का बहुत गहरा अर्थ दमन नहीं है। संयम शब्द बहुत अद्‌भुत है। संयम का मेरे लिए अर्थ है, संतुलन, 'बैलेंस'। संयम का मेरे लिए अर्थ है, न इस तरह, न उस तरह–बीच में, मध्य में। त्यागी असंयमी है–त्याग की तरफ़, भोगी असंयमी है–भोग की तरफ़। भोगी एक छोर छू रहा है, त्यागी दूसरा छोर छू रहा है। ये दो 'एक्सट्रीम' हैं। संयम का अर्थ है, अन-अति, 'एक्सट्रीम' नहीं, बीच में। कृष्ण के होठों पर संयम का अर्थ है, मध्य में। न त्याग, न भोग। या, त्यागपूर्ण भोग, या भोगपूर्ण त्याग। यही अर्थ हो सकता है संयम का कृष्ण के होठों पर। त्यागपूर्ण भोग, या भोगपूर्ण त्याग, या न त्याग न भोग–संयम का ऐसा अर्थ होगा। जो कहीं भी झुकता नहीं अति पर, वह व्यक्तित्व संयमित है।

एक आदमी है, धन के पीछे पागल है। बस इकट्ठा किए जाता है, तिज़ोरी भरे चला जाता है, यह असंयमी है। धन इसका साध्य हो गया, अति हो गयी इसके जीवन की। एक दूसरा आदमी धन से पीठ करके भागता है, लौटकर नहीं देखता, भागता ही चला जाता है। और सदा डरा हुआ है कि कहीं धन न मिल जाए। यह भी असंयमी है। इसके लिए धन का त्याग वैसे ही साध्य बन गया जैसे किसी के लिए धन का इकट्ठा करना साध्य था। संयमी कौन है? कृष्ण के अर्थों में जनक जैसा आदमी संयमी है। अन-अति संयम है, 'नॉन-एक्स्ट्रीमिटी' संयम है। मध्य में होना संयम है। भूखा मरना संयम नहीं है, ज़्यादा खा लेना संयम नहीं है, सम्यक् आहार संयम है। उपवास संयम नहीं है–भूख की तरफ़ असंयम है। ज़्यादा खा लेना संयम नहीं है–भोग की तरफ़ असंयम है। सम्यक्-आहार-जितना ज़रूरी है बस उतना ही, न ज़्यादा, न कम–संयम है। कृष्ण के होठों पर संयम का अर्थ 'बैलेंस' है, संतुलन है, संगीत है। ज़रा ही यहाँ-वहाँ हटे कि कुआँ और खाई

है। और दो तरफ़ आदमी हट सकता है—राग की तरफ़ हट सकता है, विराग की तरफ़ हट सकता है। घड़ी का 'पेंडुलम' हमने देखा है। वह बाएँ से हटता है तो सीधा दाएँ जाता है, बीच में रुकता नहीं। दाएँ से हटता है तो सीधा बाएँ जाता है, बीच में रुकता नहीं। और एक बहुत मज़े की बात है, जो घड़ी के 'पेंडुलम' से समझ लेनी चाहिए कि जब घड़ी का 'पेंडुलम' बाईं तरफ़ जाता है तो हमें दिखता है, बाईं तरफ़ जा रहा है, लेकिन बाईं तरफ़ जाते समय पूरे समय दाएँ तरफ़ जाने का 'मॉमेंटम' इकट्ठा कर रहा है। जब घड़ी का 'पेंडुलम' बाईं तरफ़ जा रहा है, तब वह दाईं तरफ़ जाने की शक्ति इकट्ठी कर रहा है। बाईं तरफ़ जाते हुए दाईं तरफ़ जाने की शक्ति इकट्ठी होती है। दाईं तरफ़ जाते हुए बाईं तरफ़ जाने की शक्ति इकट्ठी होती है। जो अनशन कर रहा है, वह ज़्यादा खाने की तैयारी कर रहा है। जो ज़्यादा खा रहा है, वह अनशन की तैयारी कर रहा है। जो राग में डूब रहा है, वह विराग की तैयारी कर रहा है। जो विराग की तरफ़ दौड़ रहा है, वह राग की तरफ़ दौड़ेगा। दोनों अतियाँ सदा जुड़ी होती हैं। सिर्फ़ वह 'पेंडुलम' न, जो बाएँ जा रहा है, न दाएँ जा रहा है, बीच में खड़ा हो गया है, वह कहीं भी जाने की तैयारी नहीं कर रहा है– न वह बाएँ जाने की तैयारी कर रहा है, न वह दाएँ जाने की तैयारी कर रहा है। और यह जो मध्य में खड़ा हो गया 'पेंडुलम' है, यह संयम का प्रतीक है।

असंयम 'लेफ्टिस्ट' या 'राइटिस्ट' दो तरह का होता है। संयम का अर्थ है, मध्य। कृष्ण के ओठों पर यह अर्थ है। कृष्ण के ओठों पर दूसरा अर्थ नहीं हो सकता। इस अर्थ को अगर हम वास्तविक जीवन में समझने जाएँगे तो क्या होगा? इसे वास्तविक जीवन में समझने जाएँगे, वस्तुतः जीवन की गहराई में, तो इसके दो अर्थ होंगे। ऐसा व्यक्ति न तो त्यागी कहा जा सकता है, न तो भोगी कहा जा सकता है, या दोनों कहा जा सकता है। पर ऐसा व्यक्ति दोनों एक-साथ होगा। उसके भोग में त्याग होगा, उसके त्याग में भोग होगा। इस संयम के अर्थ से त्यागवादी कोई परंपरा राज़ी न होगी। त्यागवादी परंपरा के लिए संयम का अर्थ विराग होगा, असंयम का अर्थ राग होगा। जो राग को छोड़ता है और विराग की तरफ़ जाता है, वह संयमी है।

कृष्ण त्यागवादी नहीं हैं और कृष्ण भोगवादी भी नहीं हैं। अगर उन्हें हम कहीं भी रखें तो वह ठीक चार्वाक और महावीर के बीच में खड़े हो जाएँगे। वे भोग में चार्वाक से पीछे न होंगे और त्याग में महावीर से पीछे न होंगे।

इसलिए अगर चार्वाक और महावीर का कोई 'मिक्सचर' बन सकता हो, अगर इन दोनों का कोई सम्मिलन बन सकता हो, तो वह कृष्ण है। इसलिए कृष्ण के होठों पर सारे शब्दों के अर्थ भिन्न होंगे। शब्द वे ही हैं, अर्थ भिन्न हो जाएँगे। उनके व्यक्तित्व से अर्थ निकलेगा।

दूसरा सवाल पूछा है, कृष्ण की उपासना, साधना क्या है?

कृष्ण के व्यक्तित्व में साधना जैसा कुछ भी नहीं है। हो नहीं सकता। साधना में जो मौलिक तत्त्व है, वह प्रयास है 'इफॅर्ट' है। बिना प्रयास के साधना नहीं हो सकती। दूसरा जो अनिवार्य तत्त्व है, वह अस्मिता है, अहंकार है। बिना 'मैं' के साधना नहीं हो सकती, कौन करेगा? कर्त्ता के बिना साधना कैसे होगी? कोई करेगा, तभी होगी।

साधना शब्द, ठीक से अगर बहुत गहरे में समझें, तो अनीश्वरवादियों का है। साधना शब्द, जिनके लिए कोई परमात्मा नहीं है, आत्मा ही है, साधना शब्द उनका है। आत्मा साधेगी और पाएगी। उपासना शब्द बिल्कुल उल्टे लोगों का है। आमतौर से हम दोनों को एक-साथ चलाए जाते हैं। उपासना शब्द उनका है, जो कहते हैं आत्मा नहीं, परमात्मा है। सिर्फ़ उसके पास जाना है, साधना कुछ भी नहीं। उपासना का मतलब है, पास जाना। पास बैठना–उप-आसन, निकट होते जाना, निकट होते जाना। और निकट होने का अर्थ है, खुद मिटते जाना, और अर्थ नहीं है। हम उससे उतने ही दूर हैं, जितने हम हैं। जीवन के परम सत्य से हमारी दूरी, हमारा 'डिस्टेंस' उतना ही है, जितने हम हैं। जितना हमारा होना है, जितना हमारा 'मैं' है, जितना हमारा 'इगो' है, जितना हमारी आत्मा है, उतने ही हम दूर हैं। जितने हम खोते हैं और विगलित होते हैं, पिघलते हैं और बहते हैं, उतने ही हम पास होते हैं। जिस दिन हम बिल्कुल नहीं रह जाते, उस दिन उपासना पूरी हो जाती है और हम परमात्मा हो जाते हैं। जैसे बर्फ़ पानी बन रहा हो, बस उपासना ऐसी है कि बर्फ़ पिघल रहा है, पिघल रहा है। साधना क्या कर रहा

है बर्फ़? साधना करेगा तो और सख़्त होता चला जाएगा। क्योंकि साधना का मतलब होगा कि बर्फ़ अपने को बचाए। साधना का मतलब होगा कि बर्फ़ अपने को सख़्त करे। साधना का मतलब होगा कि बर्फ़ और आत्मवान बने। साधना का मतलब होगा कि बर्फ़ अपने को बचाए और खोए न।

साधना का अर्थ अंततः आत्मा हो सकता है। उपासना का अर्थ अंततः परमात्मा है। इसलिए जो लोग साधना से जाएँगे, उनकी आख़िरी मंज़िल आत्मा पर रुक जाएगी। उसके आगे की बात वह न कर सकेंगे। वह कहेंगे अंततः हमने अपने को पा लिया। उपासक कहेगा, अंततः हमने अपने को खो दिया। ये दोनों बातें बड़ी उल्टी है। बर्फ़ की तरह पिघलेगा उपासक और पानी की तरह खो जाएगा। साधक तो मजबूत होता चला जाएगा। इसलिए कृष्ण के जीवन में साधना का कोई तत्त्व नहीं है। साधना का कोई अर्थ ही नहीं है। अर्थ है तो उपासना का है।

उपासना की यात्रा ही उल्टी है। उपासना का मतलब ही यह है कि हमने अपने को पा लिया, यही भूल है। हम हैं, यही ग़लती है। 'टु बी इज दॅ ओनली बांडेज'। होना ही एकमात्र बंधन है। न होना ही एकमात्र मुक्ति है। साधक जब कहेगा तब वह कहेगा, मैं मुक्त होना चाहता हूँ, उपासक जब कहेगा तो वह कहेगा, मैं 'मैं' से मुक्त होना चाहता हूँ। साधक कहेगा, मैं मुक्त होना चाहता हूँ। मैं मोक्ष पाना चाहता हूँ। लेकिन 'मैं' मौजूद रहेगा। उपासक कहेगा, 'मैं' से मुक्त होना है। 'मैं' से मुक्ति पानी है। उपासक के मोक्ष का अर्थ है, 'न-मैं' की स्थिति। साधक के मोक्ष का अर्थ है, 'मैं' की परम स्थिति। इसलिए कृष्ण की भाषा में साधना के लिए कोई जगह नहीं है। उपासना के लिए जगह है।

अब यह उपासना क्या है, इसे हम थोड़ा समझें।

पहली तो बात समझ लें कि उपासना साधना नहीं है, इससे समझने में आसानी बनेगी। अन्यथा भ्रांति निरंतर होती रहती है। और उपासक हममें से बहुत कम लोग होना चाहेंगे, यह भी ख़याल में ले लें। साधक हममें से सब होना चाहेंगे। क्योंकि साधक में कुछ खोना नहीं है, पाना है। और उपासक में सिवाय खोने के कुछ भी नहीं है, पाना कुछ भी नहीं है। खोना

ही पाना है, बस। उपासक कौन होना चाहेगा? इसलिए कृष्ण को माननेवाले भी साधक हो जाते हैं। कृष्ण के माननेवाले भी साधना की भाषा बोलने लगते हैं। क्योंकि वह भीतर जो अहंकार है, वह साधना की भाषा बुलवाता है। वह कहता है, साधो, पाओ, पहुँचो।

उपासना बड़ी कठिन बात है, 'आरडुअस'। इससे ज़्यादा 'आरडुअस', इससे ज़्यादा कठिन कोई बात ही नहीं है–पिघलो, मिटो, खो जाओ। निश्चित ही हम पूछना चाहेंगे कि क्यों मिटें? मिटकर क्या फ़ायदा है? साधक कितनी ही ऊँची बात बोले, फ़ायदे की बात में ही सोचेगा। उसका मोक्ष भी उसका ही सुख है। उसकी मुक्ति भी उसकी ही मुक्ति है। इसलिए साधक बहुत गहरे अर्थों में स्वार्थी हो तो आश्चर्य नहीं। 'स्व' अर्थ से वह ऊपर कभी उठ भी नहीं पाएगा। उपासक 'स्व' अर्थ के ऊपर उठेगा, इसलिए उपासक परमार्थ की बात बोलेगा। वह परम अर्थ की बात बोलेगा, जहाँ 'स्व' खो जाता है। इस उपासना का क्या अर्थ होगा, और यह उपासना की क्या गति होगी और क्या यात्रा होगी? बड़ी कठिन होगी समझनी यह बात। इसलिए पहले ही आपको कह देता हूँ कि साधना शब्द को बिल्कुल ही हटा दें। उसकी जगह ही नहीं है, फिर हम उपासना को समझने चलें।

जैसा मैंने कहा, उपासना का अर्थ है, निकट आना, 'टु बी नियरर'। तो दूरी क्या है, 'डिस्टेंस' क्या है? एक तो दूरी है, जो हमें दिखाई पड़ती है, 'फिजिकल स्पेस' है। आप वहाँ बैठे हैं, मैं यहाँ हूँ, हम दोनों के बीच एक फ़ासला है, एक 'डिस्टेंस' है। मैं आपके पास आ जाऊँ, आप मेरे पास आ जाएँ, भौतिक दूरी समाप्त हो जाएगी। हम बिल्कुल पास-पास, हाथ में हाथ लेकर, गले में गले डालकर बैठ जाएँ, दूरी ख़त्म हुई। लेकिन दो आदमी गले में हाथ डाले हुए भी कोसों दूर हो सकते हैं। एक 'इनर स्पेस' है। एक भीतरी दूरी है, जिसका 'फ़िजिकल' दूरी से कुछ भी संबंध नहीं है। और दो आदमी कोसों दूर होकर भी बड़े निकट हो सकते हैं। और दो आदमी गले में हाथ डालकर दूर हो सकते हैं। तो एक तो दूरी है, जो हमसे बाहर है और एक दूरी है, जो मन की है और हमारे भीतर है। उपासना भीतर की दूरी को मिटाने की विधि है। लेकिन भक्त भी बाहर की दूरी मिटाने को आतुर रहता

है। वह भी कहता है, सेज बिछा दी है, आ जाओ! वह भी कहता है, कब तक तड़पाओगे, आओ! वह भी बाहर की दूरी मिटाने को आतुर रहता है। लेकिन एक बड़े मज़े की बात है कि बाहर की दूरी कितनी ही मिट जाए, दूरी बनी ही रहती है। हम कितने ही पास आ जाएँ बाहर से, हम पास आते ही नहीं। पास आना बिल्कुल ही आंतरिक घटना है। इसलिए उपासक उस परमात्मा के पास भी हो सकता है, जो दिखाई ही नहीं पड़ता। जिससे 'फ़िजिकल' दूरी मिटाने का कोई उपाय ही नहीं है, उसके भी पास हो सकता है।

यह जो 'इनर स्पेस' है हमारी, यह कैसे पैदा होती है? यह जो भीतर की दूरी है, यह कैसे पैदा होती है? बाहर की दूरी हम समझते हैं कि कैसे होती है। अगर मैं आपसे दूर चलने लगूँ, आपसे हटने लगूँ, आपकी तरफ़ पीठ कर लूँ और भागने लगूँ, तो बाहर की दूरी पैदा हो जाती है। आपकी तरफ़ मुँह करने लगूँ और आपकी तरफ़ चलने लगूँ, आपकी दिशा में, तो बाहर की दूरी कम हो जाती है। भीतर की दूरी कैसे पैदा होती है? भीतर की दूरी चलने से पैदा नहीं होती, क्योंकि भीतर तो चलने की कोई जगह नहीं है। भीतर की दूरी होने से पैदा होती है, कितना सख़्त मैं हूँ, उतनी ही भीतर की दूरी होती है। और कितना तरल मैं हूँ, उतनी ही भीतर की दूरी टूट जाती है। और अगर मैं बिल्कुल तरल हो जाऊँ कि मैं भीतर कह सकूँ कि मैं हूँ ही नहीं, शून्य हो गया, तो भीतर की दूरी समाप्त हो जाती है।

उपासना का अर्थ शून्य होना है। उपासना का अर्थ न-कुछ होना है-'नथिंगनेस', 'नॉन-बीइंग'। मैं नहीं हूँ, इस सत्य को जान लेना उपासक हो जाना है। मैं हूँ, इस तथ्य को ज़ोर से पकड़े रहना परमात्मा से दूर होते जाना है। मैं हूँ, यह घोषणा ही हमारी दूरी है।

रूमी ने एक गीत लिखा है।

एक प्रेमी अपनी प्रेयसी के द्वार को खटखटाता है। सूफ़ियों का गीत है, जोकि उपासना को जानते हैं। शायद पृथ्वी पर उपासना को जाननेवाले थोड़े ही लोग हैं, वे सूफ़ी हैं। कृष्ण को अगर कोई ठीक से समझ सकता है तो वह सूफ़ी ही समझ सकते हैं। ऐसे वे मुसलमान फ़क़ीर हैं, लेकिन

इससे क्या बनता-बिगड़ता है। सूफ़ी गीत है। जलालुद्दीन रूमी का कि प्रेमी ने द्वार खटखटाया है प्रेयसी का। भीतर से आवाज़ आयी, कौन हो? तो प्रेमी ने कहा, मैं हूँ, पहचानी नहीं? फिर भीतर से कोई आवाज़ नहीं आती। फिर प्रेमी द्वार खटखटाए चला जाता है और कहता है मेरी आवाज़ नहीं पहचानती, मैं हूँ। तब भीतर से बड़ी मुश्किल से इतनी-भर आवाज़ आती है कि जब तक तुम हो, तब तक प्रेम के द्वार नहीं खुल सकते। कब खुले हैं 'मैं' के लिए प्रेम के द्वार? तो जाओ, उस दिन आना जिस दिन 'मैं' न रह जाओ। वह प्रेमी वापस लौट जाता है।

वर्ष आते हैं, जाते हैं। वर्षा और धूप और चाँद और सूरज, वर्षों के बाद वह वापिस लौटता है। वह द्वार पर दस्तक देता है। भीतर से फिर वही सवाल कि कौन है? लेकिन अब वह प्रेमी कहता है, अब तो तू ही है। तो रूमी की कविता यहाँ पूरी हो जाती है। वह कहता है द्वार खुल जाते हैं। लेकिन मैं मानता हूँ कि रूमी उपासना को पूरा नहीं समझ पाया। कृष्ण तक नहीं पहुँच पाई रूमी की समझ। गया थोड़ी देर, रुक गया। अगर मैं इस कविता को लिखूँ तो मैं कहूँगा कि फिर वह प्रेयसी भीतर से कहती है कि जब तक 'तू' भी है, तब तक 'मैं' होगा ही। छिपा होगा। क्योंकि 'तू' का बोध 'मैं' के बिना नहीं होता। चाहे कोई मैं कहता हो या न कहता हो, जब तक तू है, तब तक 'मैं' मौजूद होगा ही। छिपा होगा, अप्रकट होगा, अँधेरे में दब गया होगा, मन के किसी कोने-काँतर में बैठ गया होगा, लेकिन होगा ही। क्योंकि कौन कहेगा 'तू'? 'तू' को कहने के लिए 'मैं' होना ही चाहिए। यह सिर्फ़ तराजू बदल लिया, पहलू बदल लिया। बात कुछ हुई नहीं, बात कुछ बनी नहीं। तो मैं अगर इस कविता को लिखूँ तो कहूँगा कि फिर वह कह देती है कि जब तक तू है, तब तक मैं कैसे मिट सकता है। अभी तू मैं को खोकर आया, अब तू को भी खोकर आ। लेकिन जब मैं भी खो जाएगा और तू भी खो जाएगा, तो क्या प्रेमी आएगा? तब मेरी कविता बड़ी मुश्किल में पड़ जाएगी, क्योंकि फिर वह आएगा कैसे? आएगा किसके पास? आएगा कहाँ? नहीं फिर वह आएगा ही नहीं। फिर आने की कोई बात न रही, फिर जाने की कोई बात न रही, क्योंकि फ़ासला, वह 'इनर डिस्टेंस'

भी टूट गया, जिसमें आया-जाया जा सकता है। वह जो भीतर का फ़ासला था, वह टूट गया, वह तो 'मैं' और 'तू' का फ़ासला था। इसलिए मेरी कविता आख़िर में आकर बड़ी मुश्किल में पड़ जाएगी। हो सकता है रूमी ने इसलिए कविता वहीं ख़त्म की। क्योंकि आगे फिर कविता को ख़त्म कैसे करेंगे? वहाँ जाकर कविता एकदम टकरा जाएगी ज़िंदगी की चट्टान से और टूट जाएगी। क्योंकि फिर आएगा कौन? आएगा किसके पास? आएगा क्यों? जब तक आता है, तब तक फ़ासला है। और जब 'मैं' और 'तू' न रहें तो कोई फ़ासला नहीं, जो जहाँ है उसे वहीं मिल जाता है।

उपासना के लिए कहीं पहुँचना नहीं होता। जहाँ हम हैं, वहीं घटित हो जाती है। किसी के पास पहुँचना नहीं होता, बस अपने से मिटना होता है और पास पहुँचना हो जाता है।

'भगवान्श्री, कृपया मार्टिन बूबर के संदर्भ में कुछ कहें।'

पूछा है कि मार्टिन बूबर के संदर्भ में भी कुछ कहें।

मार्टिन बूबर की सारी-की-सारी चिंतना 'मैं' और 'तू' के 'इंटीमेसी' में, 'मैं' और 'तू' के 'रिलेशनशिप', 'मैं' ओर 'तू' के संबंधों पर है। मार्टिन बूबर गहरे-से-गहरे लोगों में से एक है। लेकिन गहराई कितनी ही हो, वह उथलेपन का ही दूसरा छोर है। सच्ची गहराई तो उस दिन शुरू होती है, जिस दिन आदमी न उथला रह जाता है और न गहरा रह जाता है। जिस दिन उथला और गहरापन दोनों मिट जाते हैं। मार्टिन बूबर ने बड़ी बातें कहीं हैं। गहरी-से-गहरी जो बात है वह यह है, यह सारे जीवन का सत्य 'मैं' और 'तू' के अंतर्संबंधों में समाया हुआ है।

एक नास्तिक है, एक अनीश्वरवादी है, एक है जो मानता है कि सिर्फ़ पदार्थ है। उसका जगत् मैं और तू का जगत् नहीं है। उसका जगत् मैं और वह का जगत् है। 'आई एंड इट'। तू है ही नहीं। क्योंकि तू होने के लिए दूसरे में आत्मा को स्वीकार करना ज़रूरी है। नास्तिक का जगत्, 'आई एंड इट', मैं और वह का जगत् है। इसलिए नास्तिक का जगत् बड़ा जटिल

है, क्योंकि खुद को तो वह मैं कहता है और आत्मवान् होने की घोषणा करता है, और शेष सबको 'मैं' से हीन कर देता है और 'वह' बना देता है। पदार्थ बना देता है, वस्तुएँ बना देता है। अगर मैं जानता हूँ कि आत्मा नहीं है, तो आप मेरे लिए पदार्थ से ज़्यादा नहीं हैं, फिर मैं तू किसको कहूँ? तू तो जीवंत व्यक्ति को कहा जा सकता है।

इसलिए मार्टिन बूबर कहता है कि आस्तिक का जगत् 'मैं' और 'वह' का जगत् नहीं है, 'आई एंड दाउ', मैं और तू का जगत् है। जब मेरा मैं तू कह पाता है जगत् को, तो आस्तिक का जगत् है। मैं नहीं कहूँगा। मैं कहूँगा, यह आस्तिक भी बहुत गहरे में अभी नास्तिक हैं। क्योंकि अभी भी 'मैं' और 'तू' में जगत् को बाँट पाता है। या ऐसा कहें कि यह द्वैतवादी आस्तिक का जगत् है। लेकिन द्वैतवाद चूँकि झूठा है, इसलिए द्वैतवादी आस्तिकता का भी कोई अर्थ नहीं होता। एक अर्थ में, नास्तिक अद्वैतवादी होता है। क्योंकि वह कहता है, एक ही है, पदार्थ। और एक अर्थ में आत्मवादी अद्वैतवादी होता है, क्योंकि वह भी कहता है, एक ही है, आत्मा है। अब मेरा मानना है कि 'एक' ही से एक पर जाना बहुत आसान है, 'दो' से 'एक' पर जाना बहुत कठिन है। इसलिए द्वैतवादी नास्तिक से भी ज़्यादा उलझन में होता है। क्योंकि किसी दिन अगर नास्तिक अद्वैतवादी को यह दिखाई पड़ जाए कि पदार्थ नहीं है, आत्मा है तो यात्रा तत्काल बदल जाती है। एक तो वह मानता ही था। वह एक क्या है, इसकी व्याख्या पर झगड़ा था। वह पदार्थ है कि परमात्मा है? लेकिन द्वैतवादी की झंझट और गहरी है। द्वैतवादी मानता है, दो हैं। पदार्थ भी है, परमात्मा भी है। इसे एक पर पहुँचना बहुत मुश्किल है।

बूबर द्वैतवादी है। वह कहता है, 'मैं' और 'तू'। लेकिन उसका द्वैतवादी बहुत मानवीय है। क्योंकि वह 'मैं' को मिटा देता है। 'तू' का दर्जा देता है दूसरे को भी, आत्मा का दर्जा देता है। लेकिन 'मैं' और 'तू' के बीच संबंध ही हो सकते हैं, एकता नहीं हो सकती, ऐक्य नहीं हो सकता। संबंध कितने ही गहरे हों, तब भी फ़ासला बना ही रहता है। अगर मैं आपसे संबंधित हूँ, कितना ही गहरा संबंधित हूँ, तब भी मेरा और आपका संबंध,

मुझे और आपको दो में तोड़ता है। संबंध जोड़ता भी है, तोड़ता भी है। वह दोहरे काम करता है। जिससे हम जुड़ते हैं, उससे हम टूटे हुए भी होते हैं। जिस जगह हमारा जोड़ होता है, वहीं हमारी टूट भी होती है। जो हमारा सेतु है, वही हमें दो तटों में भी तोड़ देता है। जो सेतु जोड़ता है, वह तोड़ता भी है। असल में जोड़नेवाली कोई भी चीज़ तोड़नेवाली भी होती है, होगी ही। अनिवार्य है। इसलिए दो कभी एक नहीं हो पाते, कितने ही गहरे संबंध हों, संबंध कभी भी एक नहीं हो पाते। इसलिए गहरे-से-गहरा संबंध भी दो बनाए रखता है। प्रेम का कितना ही गहरा संबंध हो, उसमें दो नहीं मिटते। और जब तक दो नहीं मिटते, तब तक प्रेम तृप्त नहीं हो सकता। इसलिए सब प्रेम अतृप्त होते हैं।

दो तरह की अतृप्तियाँ हैं प्रेम की—प्रेमी न मिले तो, और मिल जाए तो। प्रेमी न मिले तो यह अतृप्ति होती है कि जिससे मिलना चाहता था, वह नहीं मिला, और प्रेमी मिल जाए तो यह अतृप्ति होती है कि जिससे मिलना चाहा था वह मिल तो गया, लेकिन मिलना कहाँ हो पा रहा है! फ़ासला खड़ा ही है। दूरी बनी ही है पास आ गए हैं बहुत, लेकिन कहाँ दूरी मिटती है! इसलिए कई बार, जिसको अपना प्रेमी नहीं मिलता, वह भी उतना दुःखी नहीं होता, जितना दुःखी वह हो जाता है, जिसे उसका प्रेमी मिल जाता है। क्योंकि जिसको नहीं मिलता तो एक आशा तो रहती है कि कभी मिल सकता है, लेकिन इसकी वह आशा भी टूट जाती है कि अब क्या होगा? मिल तो गया है, लेकिन मिलना नहीं हो पा रहा है।

असल में कोई मिलन मिलन नहीं बन सकता, क्योंकि मिलन में संबंध ही है और संबंध दो बनाए रखता है। इसलिए मार्टिन बूबर 'मैं' और 'तू' के गहरे संबंधों की बात करता है, जो बड़ी मानवीय है। और इस जगत् में, जोकि निरंतर पदार्थवादी होता चला गया है, मार्टिन बूबर की बात भी बड़ी धार्मिक मालूम होती है, लेकिन मुझे मालूम नहीं होती। मैं तो कहूँगा, यह बात धार्मिक नहीं है, सिर्फ़ समझौता है, यह 'मैं' और 'तू' के बीच अगर एकता न हो सके, तो कम-से-कम संबंध ही हो।

प्रेम और उपासना में यही फ़र्क़ है। प्रेम संबंध है, उपासना असंबंध

है। असंबंध का मतलब यह नहीं कि दो असंबंधित हो गए। असंबंध का मतलब यह कि दो के बीच से संबंध गिर गया। 'रिलेशनशिप' भी गिर गयी। वह जो संबंध था, वह भी गिर गया, अब दो दो ही न रहे, वह एक ही हो गए। यह जो एक हो जाना है, यह उपासना है।

इसलिए प्रेम का अगला क़दम उपासना है। और जिसे हम प्रेम करते हैं उससे हम तब तक पूरी तरह नहीं मिल सकते, जब तक वह दिव्य न हो जाए, भागवत न हो जाए, भगवान् न हो जाए। दो मनुष्यों का मिलन असंभव है। उनका मनुष्य होना ही बाधा देता रहेगा। दो मनुष्य ज़्यादा-से-ज़्यादा संबंधित हो सकते हैं। दो परमात्मा-तत्त्व ही मिल सकते हैं, क्योंकि फिर तोड़नेवाला कोई भी नहीं रह जाता। जोड़नेवाला कोई भी नहीं रह जाता। इसलिए मार्टिन बूबर ज़्यादा-से-ज़्यादा प्रेम पर पहुँच सकता है। कृष्ण उपासना पर पहुँचते हैं। उपासना बहुत और बात है, उपासना बहुत ही और बात है। वहाँ दूसरा भी मिट गया है, 'मैं' भी मिट गया हूँ। और हम दोनों के मिटने पर जो शेष रह जाता है, 'दैट व्हिच रिमेन्स', वह विस्तार जो बाक़ी रह गया, उसे हम क्या नाम दें? उसे हम पदार्थ कहें? उसे हम आत्मा कहें? उसे मैं 'मैं' कहूँ? उसे मैं 'तू' कहूँ? उसे हम कोई भी नाम दें, वे ग़लत होंगे। इसलिए जो परम उपासक हैं वे चुप रह गए हैं, उन्होंने उसके लिए कोई नाम नहीं दिया। उन्होंने कहा वह अनाम है, 'नेमलेस' है। उन्होंने कहा, उसका कोई छोर नहीं है, उसका कोई प्रारंभ नहीं है, उसका कोई अंत नहीं है। उन्होंने कहा, उसका कोई नाम नहीं, उसका कोई रूप नहीं। उन्होंने कहा, उसका कोई आकार नहीं। उन्होंने कहा, उसे कोई शब्द नहीं दिया जा सकता। वे चुप रह गए हैं। वे मौन रह गए हैं।

परम उपासक मौन रह गया है, उस सत्य के संबंध में उसने कोई घोषणा नहीं की, क्योंकि सभी घोषणाएँ द्वैत में गिर जाती हैं। मनुष्य के पास ऐसा कोई शब्द नहीं है, जो द्वैत में न ले जाता हो। हम शब्द का उपयोग किए नहीं कि हमने जगत् को दो में तोड़ा नहीं। हमने शब्द का उपयोग किया, वहाँ चीज़ें दो में टूटीं। ऐसे ही जैसे हम किसी प्रिज्म में से सूर्य की किरण को निकालें तो वह सात हिस्सों में टूट जाती है। ऐसे ही हमने भाषा से किसी

सत्य को निकाला कि वह तत्काल दो में टूट जाता है। भाषा का प्रिज्म हर सत्य को दो में तोड़ देता है और दो में टूटते ही सत्य असत्य हो जाता है। इसलिए परम उपासक चुप रह गया, मौन रह गया। नाचा है, बाँसुरी बजायी है, गीत गाया है, इशारे किए हैं, लेकिन घोषणा नहीं की। घोषणा शब्दों में होती है। 'गेस्चर' से ज़ाहिर किया है। नाचकर कहा है कि क्या है वह। हँसकर कहा है कि क्या है वह। चुप रहकर कहा है कि क्या है वह। हाथ के इशारे उठा दिए हैं आकाश की तरफ़ और कहा है कि क्या है वह। लेकिन, चुप रह गया है। पूरे व्यक्तित्व से कहा है कि क्या है वह।

गदर के वक़्त में एक संन्यासी को एक अँग्रेज़ सैनिक ने छाती में संगीन मार दी। निकलता था संन्यासी। मौन था वर्षों से, तीस वर्ष से बोला नहीं था। और जिस दिन मौन लिया था उस दिन किसी ने पूछा था कि क्यों मौन लेते हो? तो उसने कहा था, जो बोला जा सकता है वह बोलने योग्य नहीं है और जो बोलने योग्य है, वह बोला नहीं जा सकता। तो सिवाय मौन के और मैं क्या करूँ? तो तीस वर्ष से वह मौन था। गदर चल रही थी, बग़ावत चल रही थी, अँग्रेज़ शंकित थे, नग्न वह संन्यासी रात के अँधेरे में उनके कैंप के पास से गुज़रता था। उन्होंने उसे पकड़ लिया। समझा कि कोई जासूस होगा। कोई 'डिटेक्टिव' होगा। पूछा उससे कौन हो? अगर वह कुछ उत्तर भी दे देता, तो भी शायद वे समझ जाते, लेकिन वह चुप रहा, हँसता रहा। जब वह पूछते, कौन हो, तो वह हँसता, तब तो पक्का हो गया कि वह जासूस है और बोलने की भी तैयारी नहीं दिखाता। तब उन्होंने उसकी छाती में संगीन भोंक दी। तीस वर्ष से जो मौन था, वह मरते वक़्त हँसा और उसने एक शब्द कहा, मरते वक़्त उसने उपनिषद् का एक महावाक्य कहा। कहा– 'तू भी वही है, जो मैं हूँ। और तू पूछता है कि तू कौन है?'

इशारे हैं। या फिर असंगत भाषा...कबीर की भाषा को लोगों ने संध्या-भाषा कहा है। संध्या-भाषा का मतलब यह है कि न पक्का पता चले कि दिन है कि रात है। बात ऐसी हो कि पक्का पता न चले कि हाँ है कि ना। पक्का पता न चले कि तुम स्वीकार करते हो कि अस्वीकार, तुम आस्तिक हो कि नास्तिक, तुम मानते हो कि नहीं मानते हो, जिस भाषा में कुछ पक्का

पता न चले, उस भाषा को संध्या-भाषा कहा है। इसलिए कबीर की भाषा का भी कभी अर्थ तय नहीं हो पाता। कृष्ण की भाषा का भी नहीं हो सकता। जिन्होंने भी सत्य को कहा है, उनकी भाषा संध्या-भाषा हो गयी। क्योंकि वे दोनों के साथ-साथ कहेंगे, 'हाँ' और 'ना' को, या दोनों को साथ-साथ इनकार कर देंगे और हमारी भाषा में कोई तर्क-व्यवस्था में वे नहीं बैठ पाएँगे। इसलिए मौन रह गए वे लोग, जिन्होंने जाना उसे जहाँ 'मैं' और 'तू' दोनों खो जाते हैं।

"भगवान्, सार्त्र कहता है, 'एक्जिस्टेंस प्रिसीड्स इसेंस। आप 'इसेंस' को 'एक्जिस्टेंस' के पहले मानते हैं? या कि दोनों का कैसा संबंध आप करते हैं? और इधर साधना शिविर में आए हुए लोग भी गड़बड़ में पड़ गए हैं कि वे उपासना-शिविर में आए हुए हैं, या साधना-शिविर में।"

गड़बड़ में डालना मेरा काम है। साधना और उपासना के बीच का फ़ासला गिर जाए, तो शिविर का मतलब समझ में आ गया।

सार्त्र या और अस्तित्ववादी ऐसा मानते हैं, 'एक्जिस्टेंस प्रिसीड्स इसेंस'। बड़ी अजीब बात है। क्योंकि दुनिया में ऐसा मुश्किल से कभी माना गया है। इससे उल्टी बात सदा मानी जाती रही है। दुनिया के जितने तत्त्व-चिंतन हैं, उन सबका मानना है, 'इसेंस प्रिसीड्स एक्जिस्टेंस।

इसे समझ लें।

सार्त्र के पहले या अस्तित्ववादियों के पहले जितने भी तत्त्व-चिंतन हैं, वे यह मानते हैं कि बीज वृक्ष के पहले है। स्वभावतः। सार्त्र कहता है, वृक्ष बीज के पहले है। सारा चिंतन साधारणतः कहेगा कि अस्तित्व के पहले आत्मा है, तभी तो अस्तित्व हो सकेगा। सार्त्र कहता है, अस्तित्व पहले है, फिर आत्मा है। क्योंकि अस्तित्व ही न होगा तो आत्मा कैसे गठित होगी?

कृष्ण के संदर्भ में क्या मतलब होगा। असल में आदमी के तत्त्व-चिंतन की सारी लड़ाइयाँ बड़ी बचकानी हैं, बहुत 'चाइल्डिश' हैं। वे सारी लड़ाइयाँ तत्त्व-चिंतन की, जो मनुष्य-जाति ने अब तक बड़े-से-बड़े

दार्शनिकों के द्वारा की हैं, वे बच्चों के छोटे से सवाल में समाहित हो जाती हैं कि मुर्गी पहले होती है कि अंडा। बड़े-से-बड़ा तत्त्व-चिंतन, बड़ी-से-बड़ी 'फ़िलॉसफी' इस छोटे मुद्दे पर लड़ती रही है। जो जानते हैं, वे कहेंगे कि मुर्गी और अंडा दो नहीं हैं, इसलिए कौन पहले है यह सिर्फ़ नासमझ पूछ सकता है और बड़ा नासमझ उत्तर दे सकता है।

अगर हम ठीक से समझें तो अंडे का मतलब क्या होता है? अंडे का कुल मतलब छिपी हुई मुर्गी होता है। मुर्गी का क्या मतलब होता है, छिपा हुआ अंडा होता है। अंडा और मुर्गी दो चीज़ें अगर होतीं, तो कौन 'प्रिसीड' करता है यह सवाल सार्थक था। कौन पहले है, यह सार्थक था सवाल, अगर अंडा और मुर्गी दो चीज़ें होतीं। अंडा और मुर्गी एक ही चीज़ है। या एक ही चीज़ को हमारे देखने के दो ढंग हैं। या एक ही चीज़ के दो क्षणों में दिखायी पड़ने की स्थितियाँ हैं! लेकिन दो चीज़ें नहीं हैं। अंडा और मुर्गी एक ही चीज़ के दो 'फेज' हैं, एक ही चीज़ के प्रकट होने के दो ढंग हैं। बीज और वृक्ष दो चीज़ें नहीं हैं। जन्म और मृत्यु दो चीज़ें नहीं हैं। एक ही चीज़ के होने के दो ढंग हैं, या हो सकता है कि हम पूरी तरह देख नहीं पाते इसलिए हम दो में तोड़कर देखते हैं। दृष्टि हमारे पास छोटी है। जैसे समझ लें कि एक बड़ा कमरा हो, एक बड़ा भवन हो, एक छोटा-सा छेद हो, और उस छेद में मैं आँख गड़ाए देखता हूँ। पूरा कमरा दिखायी नहीं पड़ता। छेद से पहले मुझे एक कुर्सी दिखाई पड़ती है। फिर मैं आँख को घुमाता हूँ। फिर मुझे दूसरी कुर्सी दिखाई पड़ती है। फिर मैं आँख को और घुमाता हूँ, मुझे तीसरी कुर्सी दिखाई पड़ती है। मैं पूछ सकता हूँ कि इन तीनों कुर्सियों में पहले कौन हैं? लेकिन कमरे के भीतर जाकर मैं क्या कहूँगा। कौन पहले है, सब 'साइमल्टेनियस' है। वह तीनों कुर्सियाँ एक-साथ हैं। लेकिन जिस छेद से मैंने देखा था, वहाँ पहले एक कुर्सी दिखायी पड़ी, फिर दूसरी कुर्सी दिखायी पड़ी, फिर तीसरी कुर्सी दिखाई पड़ी। पहले कौन था? कमरे के भीतर जाकर मैं पूछूँगा कि पहले कौन है? मैं कहूँगा, तीनों कुर्सियाँ साथ हैं।

एक लेबोरेट्री है आक्सफोर्ड यूनिवर्सिटी में, जिसने अभी इस सदी

की श्रेष्ठतम खोजें की हैं। मैं मानता हूँ कि भविष्य के लिए सबसे बड़ा काम उस प्रयोगशाला में हो रहा है। उस प्रयोगशाला का नाम है, 'डीलाबार लेबोरेट्री'। एक बड़ी चमत्कारपूर्ण घटना जो घटी है वह यह है कि एक कली का फोटोग्रॉफ़ लेते वक़्त कली क़ा फ़ोटो नहीं आया, फूल का फ़ोटो आ गया। बहुत 'सेंसिटिव फ़िल्म' से। अब तक जो सबसे ज़्यादा संवेदनशील फ़िल्म बन सकी है, उस फ़िल्म के सामने कली रखने से गुलाब की–थी तो कली, फ़ोटो आ गया गुलाब के फूल का। बड़ी कठिनाई हो गई। क्योंकि अभी कली फूल हुई नहीं है, होगी। तब बड़ी मुश्किल की बात हो गयी। जो कली अभी फूल नहीं हुई है, उसका फ़ोटो कैसे आ गया! या तो किसी बहुत रहस्यपूर्ण जगत् में वह फूल अभी भी हो, चूँकि यह सिर्फ़ हमें दिखायी नहीं पड़ रही है और कैमरा उसे देख पाया, जो हम नहीं देख पा रहे। शायद कैमरा कमरे के भीतर जाकर देख पाया, जहाँ कली और फूल 'साइमल्टेनियस' हैं। हमारी आँख कमरे के बाहर से देखती थी जहाँ पहले कली है, फिर फूल है। लेकिन शायद कोई भूल हो गयी हो। शायद इस कैमरे की फ़िल्म पहले ही 'एक्सपोज' हो गयी हो। हज़ार बातें हैं, किसी फूल का फ़ोटो पहले आ गया है, भूल-चूक हो गयी हो। कुछ 'कैमिकल' गड़बड़ हो गयी हो। तो प्रतीक्षा करनी पड़ी कि जब तक कली फूल न बन जाए। फिर वह कली फूल बन गयी। और तब बहुत मुश्किल हो गयी! क्योंकि जो वह फूल बनी, उसका फ़ोटो ही पहले पकड़ा गया था। वह फ़ोटो कोई 'कैमिकल' भूल न थी, वह इसी फूल का फ़ोटो है। 'डीलाबार लेबोरेट्री' के छोटे-से कमरे में घटी यह घटना बड़ी मुश्किल में डाल देती है।

इसका मतलब यह हुआ कि हमारे देखने के ढंग की वजह से एक दफ़ा हमें अंडा दिखायी पड़ता है, फिर एक दफ़ा मुर्गी दिखायी पड़ती है। लेकिन, अगर कृष्ण जैसी आँख हो देखने की हमारे पास, तो मुर्गी-अंडा क्या एक-साथ नहीं दिखायी पड़ सकते। हमें बड़ी मुश्किल पड़ेगी। क्योंकि यह तर्क के बाहर का मामला हो गया। लेकिन, विज्ञान बहुत से तर्क के बाहर के मामलों को पिछले पच्चीस सालों में स्वीकार कर रहा है।

एक और आपको उदाहरण दूँ, उससे ख़याल आ सके। ताकि ऐसा

न लगे कि मैं कोई अवैज्ञानिक बात कह रहा हूँ। आज से पचास साल पहले तक कभी कोई सोच भी नहीं सकता था, लेकिन इधर पचास वर्षों में बड़ी मुश्किल पड़ी। जैसे ही हम अणु का विस्फोट किए और 'इलैक्ट्रांस' की खोज किए, वैसे एक बड़ी कठिनाई आई, जो मनुष्य-जाति के सामने पहली दफ़े आयी। और वह यह थी कि इलैक्ट्रान को हम क्या कहें? क्योंकि कभी 'इलैक्ट्रान' का फ़ोटो ऐसा आता है जैसे इलैक्ट्रान 'वेव' है, लहर है, और कभी ऐसा आता है जैसे 'पार्टिकल' है, कण है। और कभी एक ही साथ दो कैमरे फ़ोटो लेते हैं, तो एक कैमरे में फोटो आता है 'वेव' का और दूसरे कैमरे में फ़ोटो आता है 'कण' का। अब कण और लहर में बड़ा फ़र्क़ है। इसको क्या कहें? इसको लहर कहें? अगर लहर कहते हैं तो यह कण नहीं हो सकता। अगर कण कहते हैं तो यह लहर नहीं हो सकता। इसलिए अँग्रेज़ी में एक नया शब्द ईजाद हुआ, जो अभी दुनिया की दूसरी भाषा में नहीं हुआ, क्योकि दुनिया की दूसरी भाषाएँ उस गहराई पर नहीं पहुँचीं, वह है–'क्वांटा'। एक नया शब्द बनाना पड़ा। 'क्वांटा' बड़ा 'मिस्टीरियस' मामला है। 'क्वांटा' का मतलब होता है, दोनों एक साथ–लहर भी और कण भी। हाँ, मुर्गी भी और अंडा भी–'क्वांटा'।

तो सार्त्र से मैं राज़ी नहीं हूँ, न सार्त्र के विरोधियों से राज़ी हूँ, जो कहते हैं कि अस्तित्व पहले, फिर आत्मा, जो कहते हैं आत्मा पहले, फिर अस्तित्व। उनमें से किसी से मैं राज़ी नहीं हूँ। मेरा मानना है, अस्तित्व और आत्मा एक ही सत्य को देखने के दो ढंग हैं। हमारी कमज़ोर नज़र की वजह से हम दो में तोड़कर देखते हैं। अस्तित्व ही आत्मा है। 'इसेंस इज एक्जिस्टेंस, एक्जिस्टेंस इज इसेंस'। अस्तित्व आत्मा है, आत्मा अस्तित्व है। ये दो चीज़ें नहीं हैं। इसलिए जब हम कहते हैं कि आत्मा का अस्तित्व है, तो हम ग़लत भाषा का उपयोग करते हैं। जब हम कहते हैं, परमात्मा का अस्तित्व है, तब भी हम ग़लत भाषा का उपयोग करते हैं। क्योंकि परमात्मा का अस्तित्व है, इसका मतलब यह हुआ कि परमात्मा कुछ है और उसका अस्तित्व है।

नहीं, अगर हम ठीक से समझें तो हम कहेंगे, परमात्मा अस्तित्व है।

परमात्मा का अस्तित्व है ग़लत है, क्योंकि कल फूल का अस्तित्व नहीं भी हो जाएगा। लेकिन परमात्मा का अस्तित्व कब नहीं होगा? जो कभी अनस्तित्व में नहीं जा सकता, उसका अस्तित्व नहीं कहा जा सकता। हम कह सकते हैं कि मेरा अस्तित्व है। क्योंकि कल मेरा अस्तित्व नहीं होगा। लेकिन परमात्मा का अस्तित्व है, ऐसा नहीं कह सकते। क्योंकि ऐसा कभी भी नहीं होगा, जब उसका अस्तित्व न हो। इसलिए परमात्मा का अस्तित्व है, यह भाषा की भूल है। 'गॉड एक्जिस्ट्स' यह ग़लत बात है। परमात्मा अस्तित्व है, 'गॉड इज एक्जिस्टेंस', यही ठीक है।

लेकिन भाषा हमेशा दिक्कत में डालती है। क्योंकि जब हम कहते हैं, 'गॉड इज एक्जिस्टेंस', परमात्मा का अस्तित्व है, तो वह 'है' शब्द भी बहुत झंझट का है। क्योंकि परमात्मा एक तरफ़, अस्तित्व उस तरफ़, और इससे, 'है' से 'रिलेटेड'। इधर परमात्मा, उधर अस्तित्व, और 'है' से जुड़ा हुआ। इसलिए फिर इसमें एक शब्द और गिराना पड़ेगा। 'गॉड इज एक्जिस्टेंस', ऐसा न कहकर कहना पड़ेगा, 'गॉड मीन्स इजनेस'। जुड़ा नहीं, अर्थ करना पड़ेगा। परमात्मा का अर्थ है, होना। परमात्मा का अर्थ है, अस्तित्व। 'है' शब्द भी पुनरुक्ति है। इतना भी हम कहें कि ईश्वर है, तो पुनरुक्ति है। क्योंकि 'है' का मतलब भी ईश्वर होता है, और ईश्वर का अर्थ भी 'है' होता है। जो 'है' उसका नाम ईश्वर है। इसलिए कठिनाई है बड़ी भाषा की और जैसे उसमें भीतर प्रवेश करते हैं, इसलिए जो जानता है वह कहता है, छोड़ो झंझट, चुप रह जाओ, कौन कहे कि ईश्वर है। जो कहे वह अलग हो जाए। किसको कहो कि ईश्वर है। जिसको कहो, वह 'आब्जैक्ट' बन जाए। तो चुप ही रह जाओ।

एक झेन फ़क़ीर के पास कोई गया और उससे पूछा है, 'ईश्वर के संबंध में कुछ कहो।' तो वह हँसता है, डोलता है। फिर वह पूछता है, 'कुछ कहो भी, हँसने-डोलने से क्या होगा।' तो वह और ज़ोर से नाचता है। वह कहता है, 'क्या पागल तो नहीं हो? हम कहते हैं, कुछ कहो!' तो वह फ़क़ीर कहता है, 'मैं कहता हूँ लेकिन तुम सुनते नहीं।' तो उस आदमी ने कहा कि 'ग़ज़ब की बातें कह रहे हैं, खुद पागल हो, मुझको भी पागल बनाते हो! एक

शब्द तुम बोले नहीं।' तो उस फ़क़ीर ने कहा, 'अगर मैं बोलूँगा तो ग़लती हो जाएगी। अगर नहीं बोलने से नहीं समझ सकते हो तो जाओ, वहाँ समझो जहाँ बोलकर समझाया जा रहा है।' लेकिन बोलकर समझाने से परम तत्त्व में ग़लती हो ही जाएगी। इसलिए हम बोल सकते हैं आख़िरी क्षण तक, लेकिन बिल्कुल आख़िरी क्षण पर बोलना रुक जाएगा। उसके बाद चुप रह जाना पड़ेगा।

विट्गिंस्टीन ने अपने सारे जीवन के बाद एक छोटा-सा वाक्य लिखा है। और वह वाक्य बहुत अद्‌भुत है। उसने लिखा है, 'दैट व्हिच कैन नाट बी सेड, मस्ट नाट बी सेड'। जो नहीं कहा जा सकता, उसे कहना ही नहीं चाहिए। लेकिन, इतना तो कहना ही पड़ता है। अब विट्गिंस्टीन मर गया, नहीं तो उससे मैं कहता, इतना तो कहना ही पड़ता है कि जो नहीं कहा जा सकता उसे नहीं कहना चाहिए। और उससे क्या फ़र्क़ पड़ता है कि कितना कहते हैं। कुछ तो कहना ही पड़ता है। हाँ, उसने पहली किताब में कहा है, पहली किताब में 'टैक्टेसस' में उसने यह बात कही है कि जो भी कहा जाएगा, वह भाषा में ही कहा जाएगा। यह थोड़ी दूर तक ठीक है। क्योंकि अगर 'गेस्चर' को भी कहना समझें, तो वह भी एक भाषा है। एक गूँगा हाथ उठाकर कह देता है- पानी पीना है। वह भी भाषा है, गूँगे की भाषा है। इसलिए हम तो कहते ही रहे हैं कि परमात्मा जो है वह गूँगे का गुड़ है। लेकिन उसका मतलब यही है कि गूँगे की भाषा में कहना पड़ेगा। लेकिन कहेंगे जो भी हम किसी भी ढंग से, नाचकर कहें, मौन रहकर कहें तो भी हम कह रहे हैं- और इसलिए जो है, वह हमारे सब कहने के पार छूट जाएगा। इसलिए लाओत्से ने विट्गिंस्टीन से बहुत गहरी बात कही है। लाओत्से ने कहा, 'सत्य कहा कि असत्य हो जाता है', बस इतना ही कहा जा सकता है। इसलिए जो जानते हैं, वे चुप रह जाते हैं।

❛ भगवान्श्री, आप बहुधा कहते हैं कि 'मैं' जब पूर्ण होता है तब वह सर्व, अर्थात् 'न-मैं' हो जाता है। उपर्युक्त कथन का अभी आप खंडन कर रहे

हैं। इसमें लगता है कि केवल शब्दों की 'इम्फेसिस' भर बदल रहे हैं आप। 'पूर्ण मैं' और 'न-मैं' क्या एक नहीं हैं?'

कोई अंतर नहीं है। क्योंकि पूर्ण 'मैं' का मतलब ही इतना होता है कि तू नहीं बचा अब बाहर, सब 'तू' 'मैं' में समा गए और जब सब 'तू' 'मैं' में समा जाएँगे तो इसको 'मैं' कहने का कोई अर्थ नहीं रह जाता। इससे उल्टा भी कह सकते हैं कि हमारा 'मैं' 'तू' में समा गया। लेकिन जब मेरा 'मैं' 'तू' में समा गया, तो 'तू' को 'तू' कहने का कोई, अर्थ नहीं रह जाता। इसलिए चाहे 'मैं' पूर्ण कहें हम, चाहे 'मैं' शून्य कहें हम, ये दोनों एक ही बात को कहने के दो ढंग हैं। 'मैं' पूर्ण हो जाए तो शून्य हो जाता है, 'मैं' शून्य हो जाए तो पूर्ण हो जाता है। कहाँ से हम कहते हैं, इससे बहुत फ़र्क़ नहीं पड़ता। परम सत्य को अगर हम हाँ कहें, तो भी ठीक है, न कहें तो भी ठीक है। क्योंकि परम सत्य के संबंध में 'हाँ' के भीतर 'न' सम्मिलित होगा और 'न' के भीतर 'हाँ' सम्मिलित होगा। इसलिए परम सत्य के संबंध में हम कुछ न भी कहें तो भी ठीक है, और बहुत कुछ कहें, कहते रहें अनंत काल तक, तो भी पूरा नहीं होता। और चुप रह जाएँ और कुछ न कहें, तो भी पूरा हो जाता है।

सत्य को, जो है, उसे जब भी हम किसी दृष्टि से देखते हैं तब कठिनाई में पड़ते हैं। और हम सब दृष्टि से देखते हैं। हम कहीं खड़े होकर देखते हैं। कोई जगह से देखते हैं। कोई धारणा से देखते हैं। कोई भाव से देखते हैं। कोई विचार से देखते हैं। कहीं-न-कहीं कोई 'कन्सेप्शन' है हमारा, उससे खड़े होकर हम देखते हैं। जब तक हमारी कोई धारणा है, कोई दृष्टि है, तब तक जिस सत्य को हम देखेंगे वह अपूर्ण होगा, अधूरा होगा, खंड होगा, अंश होगा। इतना भी हम जानें कि वह अंश है, खंड है, तो भी ठीक है। लेकिन हर दृष्टि घोषणा करती है कि मैं पूर्ण हूँ। और जब दृष्टि घोषणा करती है कि मैं पूर्ण हूँ, और जब दृष्टि कहती है कि मैं दर्शन हूँ, तब बड़ी भ्रांति खड़ी हो जाती है। दृष्टि इतना ही कहे कि मैं दृष्टि हूँ, तब कोई ख़तरा नहीं है।

दर्शन तो उसी दिन उपलब्ध होगा, जिस दिन कोई दृष्टि न होगी।

आप किसी दृष्टि से न देख रहे होंगे, आप किसी जगह से न देख रहे होंगे, आप सब जगह से देख रहे होंगे, एक साथ सब जगह हो गए होंगे, उस दिन दर्शन उपलब्ध होगा। उस दर्शन को कहने के दो ढंग हो सकते हैं। दो ही ढंग हमारे पास हैं—निषेध के या विधेय के। या तो हम निषेध का उपयोग करें, जैसा बुद्ध ने उपयोग किया और कहा कि निर्वाण है, शून्य है, या, जैसा शंकर ने उपयोग किया और कहा कि ब्रह्म है, पूर्ण है। और मज़ा यह है कि शंकर और बुद्ध दोनों विपरीत मालूम पड़ते हैं और दोनों बिल्कुल एक बात कहे चले जाते हैं। दोनों एक ही बात कहते हैं, सिर्फ़ उनकी भाषा का मोह भिन्न है। शंकर विधायक शब्द को पसंद करते हैं, वह कहते हैं, ब्रह्म है। बुद्ध नकारात्मक शब्द को पसंद करते हैं, वह कहते हैं, शून्य है।

अगर मुझसे पूछें कि मैं क्या कहूँ, तो मैं कहूँगा कि शून्य का एक नाम ब्रह्म है और ब्रह्म का एक नाम शून्य है। और जहाँ बुद्ध और शंकर दोनों मिल जाते हैं, वहाँ भाषा ख़त्म हो जाती है। वहाँ से असली बात शुरू होती है।

‘भगवान्श्री, आपने यह तो स्वीकारा कि ‘पूर्ण मैं’ और ‘न-मैं’ में कोई फ़र्क़ नहीं है, लेकिन इसके पहले आप अपनी चर्चा में कह चुके हैं कि साधना ‘पूर्ण मैं’ की दिशा में ले जाती है और उपासना ‘न-मैं’ की दिशा में ले जाती है। और आपने साधना और उपासना में बहुत फ़र्क़ किया, लेकिन बाद में आप दोनों को एक मान रहे हैं।’

नहीं, मैंने यह नहीं कहा कि साधना ‘पूर्ण मैं’ की दिशा में ले जाती है। मैंने कहा, साधना ‘मैं’ की दिशा में ले जाती है। अगर साधना ‘पूर्ण मैं’ की दिशा में ले जाए, तो फिर उपासना में कोई फ़र्क़ नहीं है। लेकिन साधना नहीं ले जा पाती, और इसलिए साधक को एक दिन ‘मैं को भी खोना पड़ता है। वह ‘मैं’ की ही दिशा में ले जाती है। क्योंकि ‘पूर्ण मैं’ तभी हो सकता है जब ‘मैं’ खो जाए। इसलिए साधक को एक छलाँग और लगानी पड़ेगी अंत में। एक साधना करके वह ‘मैं’ को पाएगा, आत्मा को पाएगा, उसे अंत

में आत्मा को भी खोने की छलाँग लगानी पड़ेगी। और अगर वह नहीं लगाता, तो वह एक क़दम पहले रुक जाएगा। उपासक जो छलाँग पहले ही दिन लगा लेता है, वह साधक को अंतिम दिन लगानी पड़ेगी—वह मैंने पीछे बात की है। साधक, साधना, प्रयास एक जगह ले जाएँगे जहाँ 'मैं' बच जाऊँगा और सब खो जाएगा। अब इस 'मैं' को भी खोना पड़ेगा। उपासक पहले ही क्षण से 'मैं' को खोने की बात करता है। इसलिए अंत में उसके पास खोने को कुछ नहीं बचता। खोने को ही नहीं बचता।

तो जो काम साधक को अंत में करना पड़ता है, वह उपासक को प्रथम करना पड़ता है। और मेरी अपनी समझ यह है कि जो काम अंत में करना ही हो, उसे प्रथम ही कर लेना उचित है। इतनी देर तक इस झंझट को ढोना उचित नहीं है। जिस बोझ को फेंक ही देना हो, और पहाड़ के अंतिम शिखर पर जहाँ जाकर सब बोझ छोड़ देना हो, उसको इतनी पहाड़ी तक कंधे पर ढोने का भी कोई प्रयोजन नहीं है। उपासक यह कहता है कि तुम पहाड़ के नीचे ही कंधे का बोझ रख दो, क्योंकि आख़िरी शिखर पर पहुँचने के पहले यह बोझ छोड़ना पड़ेगा। उस ऊँचाई पर यह बोझ नहीं ले जाया जा सकता है। लेकिन हम कहते हैं कि नहीं, जब तक ले जाया जा सकता है तब तक हम लें चलें, जब आएगा मौक़ा तब देख लेंगे। तो हम पूरा पहाड़ बोझ ढोते हैं। आख़िरी शिखर के पहले तो छोड़ना पड़ता है। उपासक नीचे ही छोड़ आता है, वह इतने ढोने से बच जाता है। इतना फ़र्क़ है। आख़िरी शिखर पर फ़र्क़ नहीं रह जाएगा। लेकिन जब आख़िरी शिखर पर इतनी दूर तक खींचा गया बोझ छोड़ने का क्षण आएगा, तब उपासक मज़े से बढ़ता रहेगा और साधक अड़चन में पड़ेगा। क्योंकि जिसे इतनी दूर तक खींचा, उसके साथ राग और मोह तो बन ही जाता है। और मन करेगा कि पहाड़ चढ़कर आए, इतनी दूर तक खींचा, अब अंत में छोड़ें! हाँ, रोएगा कि इसको अगर ले जा सकें तो अच्छा है। या सोचेगा कि यहीं टिक जाएँ, थोड़ी दूर न भी गए तो क्या हर्ज है, अपने बोझ के साथ ही रुक जाएँ। यह समस्या उसके सामने खड़ी होगी। यह उपासक के सामने पहले दिन ही खड़ी होगी, नीचे ही पहाड़ के। उसकी भी कठिनाई तो है। कठिनाई यह है कि साधक बोझ

को ले जाता दिखायी पड़ेगा, और उसको लगेगा कि कुछ लोग तो लिए चले जा रहें हैं और मुझे यहीं छोड़ना पड़ रहा है। कहीं ऐसा न हो कि ये शिखर पर साथ लिए पहुँच जाएँ और मैं ग़रीब यहीं छोड़ जाऊँ! और आख़िर में पता चले कि यह तो पहुँच गए बोझ के साथ और मैं ख़ाली हाथ पहुँच गया।

इसलिए साधक की कठिनाई अंत में है, उपासक की कठिनाई प्रथम है। अब नहीं कहा जा सकता, 'टाइप' है दुनिया में। किसी को अच्छा लग सकता है एक, किसी को अच्छा लग सकता है दूसरा। लेकिन कृष्ण को समझते वक़्त मैं आपने कहना चाहता हूँ कि कृष्ण का जगत् उपासक का है।

'भगवान्श्री, आप जो सात-आठ साल से धर्मचक्र-प्रवर्तन कर रहे हैं, उसका केंद्रीय-तत्त्व ध्यान मालूम पड़ता है। तो कृपया बताएँ कि ध्यान और उपासना में क्या फ़र्क़ है और आपके धर्मचक्र-प्रवर्तन का केंद्रीय सूत्र ध्यान और साधना है, कि उपासना है?'

मेरे लिए कोई फ़र्क़ नहीं है। मेरे लिए कोई भी फ़र्क़ नहीं है। मेरे लिए शब्दों से कोई भी फ़र्क़ नहीं पड़ता। सत्य का सवाल है। मैं ध्यान में भी उसी सत्य को कहता हूँ, उसी सत्य को प्रार्थना में भी कह देता हूँ, उसी सत्य को साधना में भी कहता हूँ, उसी सत्य को उपासना में भी कह देता हूँ। मेरे लिए फ़र्क़ नहीं पड़ता। लेकिन कृष्ण के संदर्भ में आप पूछते हैं, तब फ़र्क़ है। महावीर के संदर्भ में पूछेंगे, तब फ़र्क़ है। महावीर के लिए योग शब्द उपासना नहीं है। महावीर उपासना शब्द के लिए राज़ी नहीं होंगे। महावीर साधना के लिए राज़ी होंगे, बुद्ध साधना के लिए राज़ी होंगे। 'एम्फेटिकली' उनका ज़ोर साधना पर होगा। क्राइस्ट उपासना के लिए राज़ी होंगे, कृष्ण उपासना के लिए राज़ी होंगे, उनका 'एम्फेटिक' शब्द उपासना होगा।

मेरे लिए कोई झंझट नहीं है। मेरे लिए कोई कठिनाई नहीं है, इसलिए बहुत बार ऐसा लगेगा कि कल मैंने जो कहा, आज उसे उल्टा कह रहा हूँ। मैं बिल्कुल मज़े से कह सकता हूँ। मुझे कोई अंतर नहीं पड़ता।

अभी कृष्ण पर बोल रहा हूँ, इसलिए उपासना की बात कर रहा हूँ, पिछले वर्ष महावीर पर बोल रहा था, इसलिए साधना की बात कर रहा था। अगले वर्ष क्राइस्ट पर बोलूँगा तो कुछ और बात करूँगा। मेरे लिए चूँकि जैसा सत्य दिखाई पड़ता है, उस सत्य के दिखाई पड़ने में अब मेरे लिए कोई फ़र्क़ नहीं रह गया है कि कौन के लिए क्या फ़र्क़ है। लेकिन जब आप कृष्ण को समझने जाते हैं, तब मैं कृष्ण पर साधना शब्द रखूँ, तो कृष्ण के साथ अन्याय होगा। वह कृष्ण का शब्द नहीं है। जैसे महावीर के ऊपर मैं नाचने को थोप दूँ... मेरे लिए कोई फ़र्क़ नहीं है, महावीर शांत खड़े हैं एक पहाड़ की कंदरा में, वे जिस आनंद में हैं उस आनंद में, और कृष्ण एक वृक्ष के नीचे बाँसुरी बजा रहे हैं, उस आनंद में, मेरे लिए कोई फ़र्क़ नहीं है, ... लेकिन अगर कोई कहे कि महावीर और कृष्ण के लिए फ़र्क़ नहीं है, तो मैं राज़ी नहीं होऊँगा। महावीर नाचने को राज़ी न होंगे। कृष्ण महावीर की तरह आँख बंद करके वृक्ष के नीचे नग्न खड़े होने को राज़ी न होंगे। मेरे लिए दिक्कत नहीं है, मेरे लिए कठिनाई नहीं है। इसलिए जब आप महावीर को समझने की मुझसे बात करेंगे, तो मैं न कह सकूँगा कि महावीर नाचते हैं। मैं कैसे कह सकूँगा? यह महावीर के साथ अन्याय हो जाएगा। आप कृष्ण को समझ रहे हैं तो मैं न कह सकूँगा कि कृष्ण आँख बंद करके और वृक्ष के नीचे ध्यान करते हैं। यह मैं न कह सकूँगा। वृक्ष के नीचे कृष्ण ने सदा नाच किया है, ध्यान कभी नहीं किया।

कृष्ण ने कभी ध्यान ही किया है, इसकी भी कोई ख़बर नहीं है। महावीर कभी नाचें, साधना के पहले भी, वह भी नहीं है संभव। तो जब मैं कृष्ण की बात कर रहा हूँ, इसलिए उपासना शब्द पर ज़ोर दे रहा हूँ। मेरे लिए अंतर नहीं है। मेरे लिए कोई अंतर नहीं है, मेरे लिए तो साधना भी एक 'टाइप' के लोगों के लिए ज़रूरी है, उपासना भी एक 'टाइप' के लोगों के लिए ज़रूरी है। और मैं दोनों में सत्य को देखता हूँ और दोनों का सत्य मैंने आपसे कहा कि दोनों की अड़चन है, दोनों की सुविधा है। लेकिन फिर भी दोनों को ठीक से साफ़-साफ़ समझ लेना आपके लिए उपयोगी है। मेरे लिए ज़रा भी उपयोगी नहीं है दोनों में फ़ासला करना। आपके लिए तो निर्णय करना

पड़ेगा कि आप साधक की यात्रा पर जाते हैं कि उपासक की यात्रा पर जाते हैं। मेरे लिए कोई यात्रा नहीं है, मुझे किसी यात्रा पर जाना नहीं है। मुझे इससे कोई फ़र्क़ नहीं पड़ता है कि मुझे कोई उपासक समझे, कि साधक समझे, कि दोनों न समझे, इससे कोई अंतर नहीं पड़ता है। आपके लिए मैं दोनों चीज़ों को साफ़-साफ़ अलग-अलग कर देना चाहता हूँ, क्योंकि आपके लिए तो निर्णय लेना होगा। आपको तो तय करना होगा कि आप किस ढंग के आदमी हैं? आपके लिए क्या निकट होगा? आप उपासना के निकट से पहुँच पाएँगे कि साधना के निकट से पहुँच पाएँगे। जिन्हें पहुँचना है, उन्हें तय करना पड़ेगा, जिन्हें जाना है, उन्हें तय करना पड़ेगा। जो जहाँ खड़े हैं, वहीं पहुँचे हुए समझ रहे हैं, उनके लिए कोई सवाल नहीं है। अगर किसी दिन आपको यह समझ में आ जाए कि न कहीं जाना है, न कहीं पहुँचना है, तब न उपासना शब्द सार्थक है, न साधना शब्द सार्थक है। तब आप दोनों पर हँस सकते हैं और कह सकते हैं कि दोनों तरह की बातें पागलपन की होंगी, क्योंकि हम तो वहीं खड़े हैं जहाँ हैं। जहाँ पहुँचना है, वहाँ तो हम हैं ही।

एक झेन फ़क़ीर एक गुफा के बाहर सोया रहता है। और जिस गुफा के बाहर वह सोता है वह तीर्थयात्रियों का मार्ग है, जहाँ से पहाड़ पर तीर्थयात्री जाते हैं। जो भी वहाँ से गुज़रत है, उस फ़क़ीर को सोया देखकर कहता है कि अरे, तुम यहाँ क्यों पड़े हो? तीर्थयात्रा पर नहीं चलना है? तो वह फ़क़ीर कहता है, तुम जहाँ जा रहे हो, हम वहाँ पहुँच गए हैं। फिर लौटता हुआ कोई उससे पूछता है कि अरे, तुम यहीं पड़े हुए हो! ऊपर तक नहीं गए? तो वह कहता है, तुम जहाँ से आ रहे हो, हम वहीं रहते हैं। और वह वहीं पड़ा रहता है। तो वह न कभी तीर्थ करने गया, न कभी जाएगा, और यात्री अपना सिर ठोंककर आगे बढ़ जाते हैं कि पागल है! लेकिन वह कहता है कि तुम जहाँ जा रहे हो, हम वहाँ हैं ही। तुम जहाँ से आ रहे हो, हम वहाँ सदा से हैं।

ऐसे आदमी को न साधना का अर्थ है, न उपासना का अर्थ है। तो मैं कभी साधना की बात करता हूँ, कभी उपासना की, कभी दोनों के पागलपन की भी बात करूँगा। लेकिन अगर आप ठीक-ठीक समझें तो

विरोधाभास दिखायी नहीं पड़ेगा, विरोधाभास है नहीं।

"एक जगह और विरोधाभास लग गया। आपने कहा कि कृष्ण जन्म से ही सिद्ध हैं और महावीर साधक हैं। जबकि कश्मीर के शिविर में आपने महावीर के बारे में कहा कि उन्होंने पिछले जन्मों में ही अपनी सारी साधना पूरी कर ली थी। इस जन्म में उन्हें कुछ भी साधना नहीं करनी थी, केवल अभिव्यक्ति करनी थी। तब महावीर भी जन्म से ही सिद्ध हुए, कृष्ण जैसे ही।"

नहीं, ऐसा मैंने नहीं कहा। मैंने इतना ही कहा है कि महावीर जो भी हुए हैं, वह होकर हुए हैं। चाहे वह पिछले जन्म में साधना की हो, या उससे पिछले जन्म में साधना की हो, इससे कुछ लेना-देना नहीं है। वह ज़ो भी हुए हैं, साधना से हुए हैं। उनकी सिद्धावस्था के पहले साधना की यात्रा है। कृष्ण किसी जन्म में कभी भी साधना नहीं किए।

"सीधे पूर्ण हो गए?"

हमें कठिनाई लगती है। हमें कठिनाई लगती है कि सीधे पूर्ण हो गए? हमें लगता है कि आड़े-तिरछे चलकर ही पूर्ण हो सकते हैं। लगता है... वह वही फ़क़ीर का सवाल, वह फ़क़ीर यही तो कह रहा है। उससे आने-जानेवाले लोग कहें कि अच्छा, तुम यहीं पड़े-पड़े पहुँच गए! हम तीर्थ तक चढ़कर पहुँचे, तुम यहीं पड़े-पड़े पहुँच गए! ऐसा हो नहीं सकता। लेकिन वह फ़क़ीर यह कहता है कि अगर तुम यहीं पड़े-पड़े नहीं पहुँच सकते, तो ऊपर चढ़कर भी कैसे पहुँच जाओगे! जहाँ पहुँचना है, वह कोई ऐसी चीज़ नहीं है, जिसके लिए यात्रा ज़रूरी हो। लेकिन 'टाइप' है कुछ, जो बिना यात्रा किए नहीं पहुँच सकते। जिन्हें अपने घर भी आना हो तो दस-पाँच दूसरों के घर के दरवाज़े खटखटाए बिना नहीं आ सकते। अपने घर का भी जिन्हें पता लगाना हो, तो दूसरे से पूछकर ही आ सकते हैं यह 'टाइप' का फ़र्क़ है। महावीर और

कृष्ण के 'टाइप' का फ़र्क़ है। महावीर बिना साधना किए पहुँचेंगे ही नहीं। असल में महावीर राज़ी भी न होंगे, यह भी समझ लेना चाहिए।

अगर महावीर को कोई कहे कि बिना साधना के यह रखा-रखाया मिलता है, तो महावीर कहेंगे, क्षमा करें, ऐसा हम न लेंगे, क्योंकि जिसको अर्जित नहीं किया, उसको ले लेना चोरी है। महावीर कहेंगे कि जिसको अर्जित नहीं किया, जिसके लिए साधा नहीं, उपाय नहीं किया, उसे ले लेना चोरी है। हम न लेंगे। अगर महावीर को मोक्ष कोई दान में मिलता हो, ऐसा रास्ते के किनारे पड़ा हुआ मिलता हो, तो महावीर को जैसा मैं समझता हूँ, वह फिर ठुकराकर आगे चले जाएँगे, वह कहेंगे ऐसा हम न लेंगे। हम तो पाएँगे, अर्जित करेंगे, खोजेंगे। जिस दिन मिलेगा, उस दिन लेंगे। अधिकारी बनें तो लेंगे। कृष्ण कहेंगे कि जिसको पाने-खोजने से मिलता हो, उसको पाकर भी क्या करेंगे! क्योंकि जो पाने से मिल सकता है, वह खो भी सकता है। हम तो उसी को पाएँगे, जो पाने-वाने में नहीं मिलता, जो है ही। यह 'टाइप' का फ़र्क़ है। ये व्यक्तित्व-भेद हैं। इसमें ऊँचे-नीचे की बात नहीं कह रहा हूँ। ये व्यक्तियों के भेद हैं। यह कृष्ण और महावीर दो तरह के बड़े गहरे व्यक्तित्वों का भेद है। महावीर के लिए वही सार्थक है, जो मिलता है खोज से, उघाड़ा जाता है, श्रम से पाया जाता है। इसलिए महावीर का नाम ही श्रमण हो गया। और महावीर की पूरी परंपरा का नाम श्रमण-परंपरा हो गया। महावीर कहते हैं, जो भी मिलेगा वह श्रम से मिलेगा। श्रम के बिना पाया हुआ सब चोरी है चाहे परमात्मा भी मिल जाए बिना श्रम के तो वह कुछ-न-कुछ जालसाजी है, कहीं-न-कहीं धोखाधड़ी है। कहीं-न-कहीं कोई छल-कपट है। लेकिन महावीर कहते हैं कि हमारा स्वाभिमान नहीं कहता कि बिना श्रम के हम कुछ पा लें। हम तो मेहनत करेंगे और जितना मिल जाएगा उतने के लिए राज़ी होंगे। इसलिए महावीर की भाषा में, महावीर के भाषा-शास्त्र में प्रसाद और 'ग्रेस' जैसा कोई शब्द नहीं है। प्रयास, श्रम, पुरुषार्थ, साधना, संघर्ष ऐसे शब्द हैं। होंगे ही। इसलिए महावीर की पूरी परंपरा श्रमण-परंपरा है।

हिंदुस्तान में दो परंपराएँ हैं-श्रमण और ब्राह्मण। ब्राह्मण-परंपरा का

अर्थ है, जो मानते हैं ब्रह्म है ही, होना नहीं है। श्रमण-परंपरा का अर्थ है कि ब्रह्म हमें होना है, हम हैं नहीं। और दो तरह के ही लोग हैं। और मैं मानता हूँ कि ब्राह्मण तरह के लोग बड़े न्यून हैं। ब्राह्मण भी नहीं हैं। जिनको हम ब्राह्मण समझते हैं, वह भी ब्राह्मण नहीं हैं। क्योंकि इस बात के लिए हिम्मत जुटाना कि हम बिना पाए पा लेंगे, हम बिना अधिकारी बने अधिकारी है, हम बिना गए पहुँचे हैं, बड़ा मुश्किल है! साधारण मन कहता है, पाना ही होगा, श्रम करना ही होगा, कुछ किए बिना कैसे मिलेगा! हमारा सब गणित कहता है, साधन के बिना साध्य नहीं, श्रम के बिना उपलब्धि नहीं, प्रयास के बिना पहुँचना कैसा? इसलिए ब्राह्मण तो कभी-कभी दो-चार-दस सदियों में एकाध आदमी होता है! बाकी सब श्रमण हैं, चाहे वे अपने को जैन और श्रमण मानते हों कि न मानते हों। इसलिए बुद्ध और महावीर में बड़े भेद होते हुए भी दोनों की परंपरा को श्रमण नाम मिल गया—दोनों की परंपरा को। क्योंकि बुद्ध का भी आग्रह बिना पाए नहीं मिलेगा, खोजना पड़ेगा। कृष्ण ब्राह्मण हैं। वे कहते हैं, ब्रह्म हम हैं ही।

और मैं किसी एक को ग़लत और दूसरे को सही नहीं कह रहा हूँ, यह ध्यान में रखना। क्योंकि मुझे दोनों ही ठीक दिखायी पड़ते हैं। उसमें कुछ बहुत कठिनाई नहीं है। ये दो तरह के सोचने के ढंग, दो तरह के व्यक्तित्व, दो तरह के चित्त, उनकी यात्राएँ हैं।

'एक अंतिम बात पूछूँ, कृष्ण अपने पिछले जन्मों में कभी-न-कभी तो अपूर्ण और अज्ञानी रहे ही होंगे!'

अपूर्ण और अज्ञानी तो महावीर भी किसी जन्म में नहीं रहे हैं। सिर्फ़ पता उनको इस जन्म में चला है। और कृष्ण को सदा से पता है। अपूर्ण और अज्ञानी तो आप भी नहीं हो। अपूर्ण और अज्ञानी तो कोई भी नहीं है, बस पता चलने की देर है। जो फ़र्क़ है, वह अपूर्ण होने का नहीं है, वह बोध का है।

यहाँ सब आदमी सोए हुए हैं, सूरज निकला हुआ है, एक आदमी जागा हुआ है। यह जो आदमी जागा हुआ है और ये जो आदमी सोए हुए हैं,

इन दोनों के लिए सूरज निकला हुआ है। सूरज के निकलने में कोई फ़र्क़ नहीं है। एक आदमी जागा हुआ है, उसे पता है कि सूरज निकला है, बाक़ी सोए हैं, उन्हें पता नहीं है कि सूरज निकला है। जब वे जागेंगे, वे कहेंगे, अरे, अब सूरज निकला! नहीं, उचित यही होगा कि वे कहें कि सूरज तो निकला था, हम अब जागे हैं। अपूर्ण, अज्ञानी न महावीर हैं, न कृष्ण हैं, न आप हो।

लेकिन कृष्ण अपने को किसी भी तल पर कभी भी ऐसा नहीं जानते, इसलिए कोई चेष्टा नहीं करते। किसी तल पर महावीर चेष्टा करके जानते हैं कि अपूर्ण और अज्ञानी नहीं हैं, पूर्ण हैं ओर ज्ञानी हैं। जिस दिन वे जानते हैं, उस दिन यह भी जान लिया जाता है कि यह होना उनका सदा से था। सिर्फ़ पता अब चला। और क्या फ़र्क़ पड़ता है कि किसी को दो जन्म पहले चला और किसी को दो जन्म बाद चला! हमको बहुत दिक्कत मालूम होती है। किसी को दस जन्म पहले पता चला और किसी को दस जन्म बाद पता चला, क्योंकि हम 'टाइप' में जीते हैं। हमारा सवाल यह है कि कौन पहले, कौन पीछे? लेकिन जगत् में समय का न कोई प्रारंभ है, न कोई अंत है। इसमें आगे और पीछे का क्या मतलब है? आगे और पीछे का तभी तक मतलब है जब तक अंत और आदि की हम मानते हों। अगर समय का कोई प्रारंभ ही नहीं है, तो मुझसे दो दिन पहले जिसे ज्ञान मिला, उसे मुझसे पहले मिला? और अगर समय का कोई अंत ही नहीं है, तो मुझे दो दिन बाद मिला, मुझे उससे बाद में मिला?

नहीं, ये बाद और पहले तभी सार्थक हो सकते हैं, जब आगे-पीछे खंभे लगे हों कि वहाँ समय ख़त्म हो जाता है, वहाँ समय शुरू होता हो, तो उसको मुझसे दो दिन पहले मिल गया। उस खंभे से नाप की जा सकती है कि यह आदमी दो दिन पहले मुझसे पहुँचा। आगे के खंभे से नाप की जा सकती है कि मैं दो दिन बाद पहुँचा हूँ। लेकिन अगर पीछे कोई प्रारंभ न हो और आगे कोई अंत न हो, तो कौन पहले पहुँचा और कौन पीछे पहुँचा? पहले और पीछे पहुँचने की धारणाएँ हमारी समय की धारणाएँ हैं। और जो भी पहुँचते हैं, वे समयातीत, कालातीत, 'बियांड टाइम' पहुँच जाते हैं।

इसलिए एक मैं अजीब-सी बात आपसे कहूँ कि जिस क्षण महावीर

पहुँचते हैं, उसी क्षण कृष्ण पहुँचते हैं। मगर यह बड़ा मुश्किल होगा। इसे थोड़ा समय को समझकर फिर समझना पड़ेगा।

जिस क्षण कोई भी पहुँचा है इस जगत् में, उसी क्षण सब पहुँचते हैं। इसे ऐसा समझें थोड़ा-सा। एक बड़ा वर्तुल हम बनाएँ, एक 'सर्किल' से, परिधि से हम कई रेखाएँ 'सेंटर' की तरफ़ खींचें। परिधि पर रेखाओं में फ़ासला होगा दो रेखाओं में दूरी होगी। फिर दोनों रेखाएँ केंद्र की तरफ़ चलती हैं, तो दूरी कम होती जाती है। फिर वे जब केंद्र पर पहुँचती हैं तो दूरी ख़त्म हो जाती है। परिधि पर दूरी होती है, केंद्र पर दूरी समाप्त हो जाती है। 'टाइम' की जो 'सरकमफरेंस' है, समय की जो परिधि है, उस पर महावीर एक दिन छलाँग लगाकर केंद्र पर पहुँचते हैं। समय की परिधि पर कृष्ण और महावीर के बीच फ़ासला है। मेरे और कृष्ण के बीच फ़ासला है। आपके और मेरे बीच फ़ासला है। लेकिन जिस दिन केंद्र पर पहुँचते हैं, उस दिन कोई फ़ासला नहीं रह जाता। समय के केंद्र पर सब फ़ासले समाप्त हो जाते हैं। लेकिन यह ज़रा कठिन है। यह ख़याल में लेना कठिन है, क्योंकि हम परिधि पर जीते हैं और हमें 'सेंटर' का कोई पता नहीं है।

इसे ऐसा भी समझ लें। एक बैलगाड़ी का चाक चलता है तो चाक चलता है, लेकिन कील खड़ी रहती है। और बड़े मज़े की बात तो यह है कि खड़ी हुई कील पर ही चाक चलता है। चलता उसके आधार पर है, जो नहीं चलती है। चाक कई मील चल जाएगा और चाक कहेगा कि दस मील की यात्रा की, और अगर कील से पूछें कि कील तूने कितनी यात्रा की, कील कहेगी मैं वहीं हूँ। लेकिन बड़े मज़े की बात है कि जिस कील पर चाक दस मील चल गया, वह कील ज़रा-सा भी नहीं चली। तो चाक कैसे चला होगा, जब कील नहीं चली ज़रा भी? और कील तो यही कहेगी कि मैं वहीं हूँ, मैं बिल्कुल चली ही नहीं। और चाक कहेगा, मैं दस मील चला। और कील और चाक एक साथ जुड़े हैं। तो चाक जो कील से जुड़ा है, दस मील चल गया, और कील जो चाक से जुड़ी है बिल्कुल नहीं चली—ये दोनों बातें एक साथ कैसे हो सकतीं हैं? ये एक-साथ हो जाती हैं। हम रोज़ गाड़ी में देखते हैं। ये इसलिए हो जाती हैं कि कील 'सेंटर' पर है और चाक परिधि

पर है। परिधि पर इतिहास, समय है और क़ील पर सत्य है, ब्रह्म है।

महावीर और कृष्ण एक ही क्षण वहाँ पहुँचते हैं। और जब वे वहाँ पहुँचते हैं तो ऐसा पता नहीं चलता है कि कौन पहले पहुँचा और कौन पीछे पहुँचा। लेकिन जहाँ परिधि पर जीनेवाले लोग हैं, चाक पर जीने वाले लोग हैं, वहाँ कोई कभी पहुँचता है, कोई कभी पहुँचता है, कोई कभी पहुँचता है, ये सब समय के फ़ासले हैं। समय के फ़ासले वहाँ नहीं हैं, क्योंकि समय के बाहर समय का कोई फ़ासला नहीं है।

इस पर कल थोड़ी बात करेंगे, कुछ और पहलुओं से, तो ख़याल में आ सकता है।

'भगवान्श्री, मेरी एक प्रार्थना है। वह यह कि समय बहुत कम बचा है, इसलिए सायंकाल आप स्वतंत्र प्रवचन दें। गीता में जो कुछ भी आप हमारे लिए उपादेय और हितकर मानें, वह पाँच भागों में बाँटते हुए पाँच प्रवचनों में हमें दें। और प्रातःकाल उन्हीं प्रवचनों पर प्रश्नोत्तर का अवसर रहे।'

नहीं, वह ठीक नहीं पड़ेगा। मुझे जो कहना है, वह मैं कह लूँगा। उसकी फ़िक्र ही न करें। आप क्या पूछते हैं, इससे बहुत फ़र्क़ नहीं पड़ता। मुझे क्या कहना है, मैं वही कहता हूँ। इसमें कोई फ़र्क़ नहीं पड़ता।

चौथा प्रवचन

अचिंत्य-धारा के प्रतीक बिंदु कृष्ण

"एक चर्चा में आपने कहा है कि श्रीकृष्ण की आत्मा का साक्षात्कार हो सकता है, क्योंकि कुछ मरता नहीं। तो कृष्ण-दर्शन को संभावितता की हद में लाने के लिए कौन-सी 'प्रॉसेस' से गुज़रना पड़ेगा? और साथ ही यह बताएँ कि कृष्ण-मूर्ति पर ध्यान, कृष्ण-नाम का जप और कृष्ण-नाम के संकीर्तन से क्या उपासना की पूर्णता की ओर जाया जा सकता है?"

विश्व-अस्तित्व में कुछ भी एकदम मिट नहीं जाता। और विश्व-अस्तित्व में कुछ भी एकदम नया पैदा भी नहीं होता है। रूप बदलते हैं, आकृतियाँ बदलती हैं, आकार बदलते हैं, लेकिन अस्तित्व के गहनतम रहस्यों में जो है, वह सदा वैसा ही है। व्यक्ति आते हैं, खो जाते हैं, लहरें उठती हैं सागर पर, विलीन हो जाती हैं, लेकिन जो लहर में छिपा था, जो लहर में था, वह कभी विलीन नहीं होता।

कृष्ण को हम दो तरह से देखेंगे तो समझ में आ जाएगा। अपने को भी फिर हम दो तरह से पाएँगे। एक हमारा लहर-रूप है, एक हमारा सागर-रूप है। लहर की तरह हम व्यक्ति हैं, सागर की तरह हम ब्रह्म हैं। कृष्ण का जो चेहरा देखा गया, कृष्ण का जो शरीर देखा गया, कृष्ण की जो वाणी सुनी गयी, कृष्ण के जो स्वर सुने गए, वे लहर-रूप हैं। लेकिन जो इन वाणियों, इन नृत्यों, इस व्यक्तित्व के पीछे जो खड़ा है, वह सागर-रूप है। वह सागर-रूप कभी भी नहीं खोता है। वह सदा अस्तित्व के प्राणों में निवास करता है, वह सदा है ही। वह कृष्ण नहीं हुए थे तब भी था और

जब कृष्ण नहीं हैं तब भी है। जब आप नहीं थे तब भी था, आप जब नहीं होंगे तब भी होगा। ऐसा समझें कि जैसे कृष्ण एक लहर की तरह जागे हैं, नाचे हैं सागर की छाती पर, किरणों में, सूरज की हवाओं में और फिर सागर में खो गए हैं।

हम सब भी ऐसे ही हैं। थोड़ा-सा फ़र्क़ है। कृष्ण जब लहर की भाँति नाच रहे हैं, तब भी वे जानते हैं कि वे सागर हैं। हम जब लहर की भाँति नाच रहे हैं, तब हम भूल जाते हैं कि हम सागर हैं। तब हम समझते हैं कि हम लहर ही हैं। चूँकि हम अपने को लहर समझते हैं, इसलिए कृष्ण को भी कैसे सागर समझ सकते हैं! फिर लहर जिस रूप में प्रकट हुई थी, जिस आकृति और आकार में प्रकट हुई थी, उस आकृति और आकार का उपयोग किया जा सकता है, उस लहर के पुनर्साक्षात्कार के लिए। लेकिन खेल सब छाया-जगत् का है। दो-तीन बातें ख़याल में लेंगे तो पूरी बात स्पष्ट हो सकेगी।

कृष्ण के सागर-रूप से आज भी, अभी भी साक्षात्कार किया जा सकता है, महावीर के सागर-रूप से भी साक्षात्कार किया जा सकता है! बुद्ध के सागर-रूप से भी साक्षात्कार किया जा सकता है। जिस रूप में वे प्रकट हुए थे कभी, जो आकृति उन्होंने ली थी, उसका उपयोग इस सागर-रूप साक्षात्कार के लिए किया जा सकता है। वह माध्यम बन सकता है। मूर्तियाँ सबसे पहले पूजा करने के लिए नहीं बनी थीं। मूर्तियाँ सबसे पहले एक 'इजोटेरिक साइंस' की तरह बनी थीं, एक गुप्त-विज्ञान की तरह बनी थीं। उन मूर्तियों में, जो व्यक्ति उस रूप में जिया था, वह वायदा किया था कि इस मूर्ति पर यदि ध्यान 'फोकस' किया गया, इस मूर्ति पर पूरी तरह ध्यान किया गया, तो मेरे सागर-रूप अस्तित्व से संबंध हो सकेगा।

कभी रास्ते पर आपने किसी मदारी को 'हिप्नोसिस' का एक छोटा-सा खेल करते-कराते देखा होगा। छोटा-सा खेल है कि किसी लड़के को मदारी लिटा देता है, उसकी छाती पर एक ताबीज़ रख देता है, ताबीज़ रखने से वह बेहोश हो जाता है। बेहोश होने के बाद वह मदारी उस लड़के से बहुत-सी बातें पूछता है, जो वह बताना शुरू कर देता है। आपके पास

वह मदारी आता है और कहता है, कान में अपना नाम बोल दें। आप नाम बोलते हैं, वह लड़का वहाँ से चिल्ला देता है कि यह नाम है इस आदमी का। आप इतने धीमे बोलते हैं कि उस लड़के का सुनने का कोई उपाय नहीं, क्योंकि आपके बगल का पड़ोसी भी नहीं सुन पाया है। वह मदारी कहता है, आपके खीसे में नोट रखा हुआ है, इसका नंबर कितना है? और वह लड़का नोट का नंबर बोल देता है। वह मदारी आपसे कहेगा कि यह ताबीज़ बड़ा अद्‌भुत है। इस ताबीज़ के बदौलत इस लड़के की इतनी सामर्थ्य हो गयी। बस यहीं वह धोखा देता है। फिर वह चार-आठ आने में ताबीज़ बेच भी लेता है। आप घर लेकर आठ-आने का ताबीज़ छाती पर रखकर लेट जाते हैं, लेकिन कुछ नहीं होता। नहीं होगा। ताबीज़ से कोई लेना-देना नहीं था। लेकिन उस लड़के के संबंध में लेना-देना था।

'पोस्ट हिप्नोटिज्म' की एक छोटी-सी प्रक्रिया है। वह प्रक्रिया यह है कि यदि किसी व्यक्ति को गहरी बेहोशी में डाल दिया जाए-जोकि बहुत सरल है-उस गहरी बेहोशी की हालत में यदि उसे कहा जाए कि यह ताबीज़ ठीक से देख लो, और जब भी इस ताबीज़ को हम तुम्हारी छाती पर रखेंगे तब तुम पुन: बेहोश हो जाओगे, तो उसकी अचेतन की गहराइयों में यह सुझाव बैठ जाता है। फिर कभी भी उस व्यक्ति के ऊपर वह ताबीज़ रखा जाए, वह तत्काल बेहोश हो जाएगा। और बेहोशी में हमारे मस्तिष्क की अचेतन शक्तियाँ काम करना शुरू कर देती हैं, जो हम होश में नहीं कर पाते, वह हम बेहोशी में कर लेते हैं। जितना हम होश में सुनते हैं, उससे बहुत तीव्रता से बेहोशी में सुनने लगते हैं। जितना हम होश में देखते हैं, उससे बहुत गहरा बेहोशी में देखने लगते हैं। लेकिन वह ताबीज़ आपके ऊपर काम नहीं करेगा, क्योंकि आपको वैसा आपके अचेतन में कोई गहरा सुझाव नहीं दिया गया है।

कृष्ण, महावीर, बुद्ध और क्राइस्ट जैसे लोग जब पृथ्वी से विदा होते हैं, तो जो उन्हें प्रेम करते हैं, जिन्होंने उन्हें चाहा है, जिन्होंने उनके निकट बहुत कुछ पाया है, वह अगर उनसे निवेदन करें कि फिर आपके इस देह-रूप के छूट जाने के बाद अगर हम आपको स्मरण करना चाहें, और

संबंधित होना चाहें, तो हम क्या करें? तो अत्यंत गहरी ध्यान की अवस्था में कृष्ण अगर उनसे कह दें कि मेरी यह रही प्रतिमा, मेरा यह रहा रूप, और जब भी तुम इस पर ध्यान करोगे तो तुम तत्काल मुझसे संयुक्त हो जाओगे मेरे सागर-रूप से। ये ध्यान की अवस्था में दी गयी प्रतिमाएँ हैं। ये ध्यान की अवस्थाओं में दिए गए प्रतीक हैं। ये सबके काम के नहीं है। आप कृष्ण की मूर्ति के सामने ज़िंदगी-भर चिल्लाते रहें, कुछ होगा नहीं। आप महावीर की मूर्ति के सामने कितने नाचें-कूदें, कुछ होगा नहीं। ध्यान की अवस्था में पहले आपके पास यह अंतर्सुझाव चाहिए कि इस मूर्ति के द्वारा आपका संबंध उस व्यक्ति से हो सकेगा, जिसकी यह मूर्ति है।

तो पहली बार जब बुद्ध, महावीर और कृष्ण जैसे लोग पृथ्वी से विदा होते हैं, तो उनके निकटतम जो वर्ग है, उसे वे सूचनाएँ दे जाते हैं। पहली पीढ़ी तो उस वर्ग की होती है, वह उसका पूरा लाभ उठाती है। दूसरी पीढ़ी में वे लोग लाभ उठा सकते हैं, जिनको पहली पीढ़ी के द्वारा पुनः वह सुझाव ध्यान की गहराइयों में चित्त में डाल दिया गया हो। धीरे-धीरे सुझाव खो जाता है, मूर्ति हाथ में रह जाती है। जैसे बाज़ार से आप आते हैं, ताबीज़ हाथ में ले आते हैं और सुझाव का कोई पता नहीं होता। फिर उस मूर्ति को रखे आप बैठे रहें ज़िंदगी-भर, उससे कुछ होने का नहीं है।

जैसा मैंने मूर्ति के लिए कहा, मूर्ति एक 'इजोटेरिक ब्रिज' है, जिसके माध्यम से लहर-रूप व्यक्ति ने वादा किया है कि उसके सागर-रूप से पुनः संबंध स्थापित किया जा सकेगा, ठीक उसी तरह नाम भी है। नाम का भी उपयोग किया जा सकता है। लेकिन वह भी ध्यान की गहराइयों में दिया गया हो। अब गुरु लोगों के कान फूँकते रहते हैं, उससे कुछ होता नहीं। क्योंकि सवाल कान फूँकने का नहीं है, सवाल तो बहुत गहरे ध्यान की अवस्था में कोई शब्द प्रतीक-रूप देने से है कि उस शब्द के स्मरण करते ही, उसका उच्चारण करते ही सारी चेतना रूपांतरित हो जाएगी। ऐसे शब्दों को 'बीज शब्द' कहा जाता है। वे 'सीड वर्ड्स' हैं। उनमें बड़ा कुछ भर दिया गया है।

तो कृष्ण का नाम अगर बीज-शब्द है, उसका अर्थ यह हुआ कि अगर ध्यान की बहुत गहरी अवस्था में आपके चित्त के अतल में उसे

छिपाया गया है—और बीज सदा ही गहरे और नीचे ज़मीन के छिपाए जाते हैं, वृक्ष तो ऊपर आते हैं, बीज सदा भूमि के नीचे अँधेरे गर्भ में होते हैं—तो अगर आपके चित्त के गहरे गर्भ में कोई शब्द डाला गया है और उस शब्द के साथ सुझाव डाला गया है, तो उसके परिणाम होने शुरू हो जाएँगे। रामकृष्ण बड़ी दिक्कत में थे। रामकृष्ण सड़क से निकल नहीं पाते थे। वह सड़क से जा रहे हैं और किसी ने कह दिया, जय रामजी, और रामकृष्ण वहीं गिर जाएँगे, और ध्यानस्थ हो जाएँगे। रामकृष्ण को सड़क से ले जाना बहुत मुश्किल था। रामकृष्ण सड़क से जा रहे हैं, ताँगे में बैठकर, किसी मंदिर में कोई रामधुन चल रही है, वह वहीं गए! वह डूब गए वहीं। किसी के घर बैठकर बात कर रहे हैं और किसी ने राम का नाम ले दिया, वह गए! वह शब्द उनके लिए बीज है। वह शब्द पर्याप्त है उनके लिए। लेकिन हमें कठिन होगा यह मानना।

हमारे लिए तो कुछ बीज बातें हैं, वह हम समझ लें तो ख़याल में आ जाए। कोई आदमी चिंतित होता है तो फौरन माथे पर हाथ रख लेता है। आप उसका हाथ नीचे रोक लें, वह बहुत बेचैनी में पड़ जाएगा।

डा. हरिसिंह गौर प्रिवी कौंसिल में एक मुक़दमा लड़ते थे। उनकी सदा की आदत थी कि वह अपने कोट का जो ऊपर का बटन होता था, जब कभी कोई उलझन का मामला होता और दलील करनी कठिन होती, तो कोट के ऊपर का बटन घुमाने लगते थे। जिन लोगों ने भी उनके साथ वकालत की थी, उन सबको पता था कि उनका कोट के बटन पर हाथ गया कि उनकी वाणी एकदम प्रखर हो जाती थी। और वे इस तरह बोलने लगते थे जैसे कि इसके पहले बोल ही नहीं रहे थे। एक बड़ा मुक़दमा था और विरोधी वकील बड़ी परेशानी में पड़ा था। उसने डॉ. हरिसिंह गौर के शौफ़र को कहा कि जितना पैसा तुझे चाहिए, वह ले ले, लेकिन कल जब तू कोट कार से उतारकर लाए, तो उसकी ऊपर की बटन तोड़कर फेंक देना। बटन उसने तुड़वाकर फिंकवा दी।

उस दिन आख़िरी पैरवी थी। हरिसिंह गौर ने अपना कोट अपने गले में डाल लिया, लटका लिया और वह विवाद करने को खड़े हो गए। ठीक

उस क्षण पर, जबकि उनका हाथ खोजने लगा बटन को, पाया कि बटन वहाँ नहीं है। वह एकदम बेहोश होकर गिर गए कुर्सी पर। उन्होंने अपने संस्मरणों में लिखा है कि मेरी ज़िंदगी में पहली दफ़े मेरे मस्तिष्क ने काम करना एकदम बंद कर दिया। मुझे ऐसा लगा कि जैसे सब खो गया, अब मैं कुछ बोल सकूँगा नहीं, अब कुछ हो सकता नहीं। मजिस्ट्रेट से उन्हें प्रार्थना करनी पड़ी कि अब यह मुक़दमा आगे के लिए टाल दिया जाए, आज मेरी कोई सामर्थ्य नहीं है।

बड़ी अजीब-सी बात मालूम पड़ती है। एक बटन इतना अर्थ रख सकता है? 'एसोसिएशन' का अर्थ है। अगर सदा ही उस बटन पर हाथ रखकर मन सक्रिय हो गया है, तो आज उस बटन को न पाकर मन एकदम निष्क्रिय हो जाएगा। यह 'कंडीशन रिफलेक्स' की बात है। नाम का प्रयोग भी इस भाँति किया गया है। वह जो बटन था, हरिसिंह गौर के लिए बीज हो गया। साधारण नहीं रहा, जिसमें सिर्फ़ कोट लगाया और अटकाया जाता है, इस बटन से उनका मन भी अटकने और लगने लगा। नाम का उपयोग इस भाँति किया जा सकता है। किया गया है। लेकिन, ख़ाली शब्द का उपयोग करने से कुछ भी नहीं होता है। ख़ाली शब्द और बीज-शब्द में वही फ़र्क़ है। बीज-शब्द का अर्थ यह है कि आपकी अचेतन गहराइयों में उसे डाला जाए और इतने गहरे में बिठा दिया जाए कि उसके स्मरण-मात्र से आप तत्काल रूपांतरित हो जाएँ। तो वह बीज बन जाता है।

कृष्ण, राम या बुद्ध या महावीर, या और तरह के शब्द और मंत्र बीज की तरह उपयोग किए गए हैं, लेकिन अब लोग उनको ऐसे ही दोहरा रहे हैं। बैठे हुए हज़ार दफ़े राम-राम कह रहे हैं, कुछ भी नहीं होता तो एक बार में भी होता है, हज़ार बार कहने की बात न थी। और राम से ही होगा, ऐसा नहीं, कोई भी अ, ब, स शब्द को बीज बनाया जा सकता है। शब्द और मंत्र बीज बन जाएँ तो साधक की गहराइयों को रूपांतरित करने में उपयोगी होते हैं। हो सकते हैं। लेकिन हमारी कठिनाई यह है कि मूल सूत्र खो जाते हैं, ऊपरी बातें रह जाती हैं। कोई भी राम-राम जपता रहता है, कोई भी कृष्ण-कृष्ण चिल्लाता रहता है, उससे कुछ हो नहीं सकता। कभी नहीं होगा।

जीवन-भर चिल्लाने से भी नहीं होगा।

कीर्तन के लिए पूछते हैं। ध्यान का जो प्रयोग कर रहे हैं, उसमें जो दूसरा चरण है, ठीक वही प्रयोग कीर्तन का किया जा सकता है। किया जाता रहा है। जो जानते हैं उन्होंने वैसा ही उपयोग किया है। जो नहीं जानते हैं, वह सिर्फ़ चिल्लाते हैं, नाचते हैं। ध्यान का जो दूसरा चरण है, अगर ठीक वैसा ही उपयोग कीर्तन का, भजन का, नृत्य का किया जा सके, तो उसके बड़े व्यापक परिणाम हैं। पहला परिणाम तो यह है कि जब आप बहुत ही भाव से नाचने लगे, तो शरीर आपको अलग दिखायी पड़ने लगेगा। शरीर पृथक् मालूम होने लगेगा, आप अलग मालूम होने लगेंगे। आप थोड़ी ही देर में देखनेवाले हो जाएँगे, नाचनेवाले नहीं। जब शरीर पूरी त्वरा में आएगा, पूरी गति में आएगा नृत्य की, तब आप अचानक एक क्षण ऐसा है जब आप पाएँगे कि आप अलग हो गए हैं। उस क्षण को अलग करने के लिए उपाय किए गए थे कि वह क्षण अलग हो जाए और आप तत्काल टूट जाएँ, नृत्य बाहर रह जाए और आप अलग खड़े हो जाएँ। कील अलग हो जाए, चाक घूमता रहे। और कील पहचान ले कि मैं कील हूँ, और घूमता हुआ जो है, वह चाक है।

नृत्य का उपयोग चाक की तरह किया गया है। ज़ोर से घूमे, तो एक घड़ी आ जाती है जहाँ कील दिखायी पड़ने लगती है। यह बड़े मज़े की बात है, अगर चाक और कील खड़े हों, तो कील और चाक का पता लगाना मुश्किल है कि कौन कील है और कौन चाक है, क्योंकि दोनों खड़े हैं। चाक चले, तो कील का फ़र्क़ फौरन पता चल जाता है। जो नहीं चलेगी, वह पहचान में आ जाएगी। नाचें आप, आपके पीछे भीतर कुछ छूट जाएगा, जो नहीं नाच रहा है। बस, वह आपकी कील है। वह आपका 'सेंटर' है। जो नाच रहा है, वह आपकी परिधि है, वह आपका चाक है। इस क्षण में अगर साक्षी हो जाएँ, तो कीर्तन का अद्भुत उपयोग हो गया। लेकिन अगर साक्षी न हुए और कीर्तन ही करते रहे, तो बेकार चली गयी मेहनत, उसका कोई अर्थ न रहा।

प्रक्रियाएँ पैदा होती हैं और खो जाती हैं। खो जाती हैं इसीलिए कि

सब प्रक्रियाएँ अनिवार्यरूपेण, मनुष्य का स्वभाव है, वह उसमें जो सार्थक है भूल जाता है और जो निरर्थक है उसको पकड़ लेता है, क्योंकि जो सार्थक है, वह गहरे में होता है, जो निरर्थक है, वह ऊपर होता है। जो निरर्थक है वह वस्त्र की तरह ऊपर होता है, जो सार्थक है, वह आत्मा की तरह भीतर होता है। जो भीतर है वह दिखायी नहीं पड़ता, धीरे-धीरे ऊपर का ही रह जाता है, भीतर का भूल जाता है। और इसलिए ऐसे वक़्त आ जाते हैं, जैसे मैं ही हूँ, मुझसे कोई पूछने आए कि कीर्तन से कुछ होगा तो मैं सख़्ती से मना करता हूँ कि कुछ भी नहीं होगा। क्योंकि मैं जानता हूँ कि अब कीर्तन मृत परंपरा हो गयी है। अब मरा हुआ ढाँचा रह गया है। वह चाक ही है, कील का पता लगाना बहुत मुश्किल है।

'चैतन्य का नृत्य-कीर्तन क्या 'इंटॉक्सीकेशन' था?'

नहीं, चैतन्य ने ज़रूर कीर्तन और भजन से वही पा लिया, जिसके पाने की मैं बात कह रहा हूँ। चैतन्य ने नाचकर उसे पा लिया, जिसे बुद्ध और महावीर खड़े होकर पाते हैं।

ये दोनों बातें हो सकती हैं। कील को पकड़ने के दो रास्ते हो सकते हैं। एक रास्ता तो यह हो सकता है कि आप इतने खड़े हो जाएँ कि आपमें कोई कंपन ही न रह जाए। कंपन ही न रह जाए कोई- इतने ठहरे हो जाएँ, इतने स्थिर हो जाएँ, 'जस्ट स्टैंडिंग' की हालत रह जाए, तो उस हालत में आप कील पर पहुँच जाएँगे। या दूसरा रास्ता यह है कि आप इतने 'मूवमेंट' में हो जाएँ, इतनी गति हो में जाएँ कि चाक पूरा चल पड़े और कील पहचान में आ जाए। आसन दूसरा ही होगा। चाक ज़ोर से चले तो कील को पहचानना आसान होगा। बहुत कम लोग हैं, जो खड़े हुए चाक में कील को पहचान पाएँ। महावीर खड़े होकर पहचानते हैं, कृष्ण नाचकर। और चैतन्य तो कृष्ण भी जितना नहीं नाचे उतना नाचे हैं। चैतन्य का कोई मुक़ाबला नहीं। चैतन्य के नृत्य का तो कोई हिसाब ही नहीं है। शायद पृथ्वी पर ऐसा कोई नाचा ही नहीं। और ध्यान में लेने की बात इतनी ही है कि हमारे भीतर

दो–हमारी परिधि जो है, गतिमान है, परिवर्तन है वहाँ, और हमारे जो गहरे में आत्मा है वहाँ शाश्वतता है, 'इटरनिटी' है, वहाँ कोई परिवर्तन नहीं, वहाँ सब चुप और शांत सदा खड़ा रहा है, वह कील की भाँति है, वह स्थिर है। उस थिर को, उस परिवर्तन-अतीत को किस भाँति पहचान लें।

ध्यान का जो दूसरा चरण है, उस चरण में उस बात का ही गहरा प्रयोग किया जा रहा है, लेकिन कीर्तन मैं उसे नहीं कह रहा, क्योंकि कीर्तन शब्द अब अपदस्थ हो गया। कीर्तन शब्द ने अब अर्थ खो दिया है। सभी शब्द जैसे रुपये चल-चलकर घिस जाते हैं और घिस-घिसकर नक़ली हो जाते हैं–असली भी–वैसे ही शब्द भी चल–चलकर घिस जाते हैं और ख़राब हो जाते हैं। और एक वक़्त आता है कि टकसाल में नए रुपए ढालने पड़ते हैं।

तो मुझे समझने में बहुत बार दिक्कत पड़ेगी, क्योंकि मैं नयी टकसाल में जो रुपये ढाल रहा हूँ वह इसलिए ढाल रहा हूँ जिस कारण से और जिस लिए पुराने सिक्के चलते थे। लेकिन पुराने सिक्के बहुत चल चुके हैं और इतने हाथों में चल चुके कि बिल्कुल घिस गए हैं। उनमें न चेहरा पहचान में आता है, न क्या लिखा है वह पहचान में आता है। न यही पता चलता है कि वह सिक्के हैं कि ठीकरे हैं, क्या हैं, कुछ पता नहीं चलता। इसलिए सब फिर से शुरू करना पड़ता है हर बार। और यह जानते हुए शुरू करना पड़ता है कि ये नए सिक्के जो आज टकसाल से निकल रहे हैं, कल ये भी हाथ में चलकर घिस जाएँगे। और नए सिक्के ढालनेवालों के सामने बड़ी कठिनाई आ जाती है कि उसे उन्हीं सिक्कों से लड़ना पड़ता है, जिनके लिए वह फिर से ढाल रहा है। लड़ना मजबूरी हो जाती है। जब नए सिक्के बाज़ार में लाने पड़ते हैं तो पुराने सिक्के वापिस टकसाल में भेजने पड़ते हैं। तो मुझे वापस सिक्के आपसे छीनने पड़ते हैं कि इनको वापस टकसाल में भेजो, अब यह बेकार हो गया, अब तुम नये ले लो। लेकिन पुराने सिक्के का मोह होता है। बहुत दिन साथ रहा है। घिसा भी है तो अपने ही हाथों में घिसा है। नये सिक्के का एकदम भरोसा नहीं होता। धर्म के साथ ऐसा रोज़ होता है।

कीर्तन का बड़ा उपयोग किया जा सकता है। समझ लिया जाए तो कीर्तन का बड़ा अद्भुत उपयोग है। लेकिन अब समझना बहुत मुश्किल होगा, क्योंकि जब मैं कीर्तन कहूँगा, तब आप वही कीर्तन समझेंगे, जो आप समझ रहे हैं। तब आप कहेंगे कि बिल्कुल ठीक कहते हैं आप, हम तो कर ही रहे हैं यह कीर्तन। हम तो राम-राम कर ही रहे हैं, बिल्कुल ठीक कर रहे हैं आप। जब आपका मन कहता है, बिल्कुल ठीक कह रहे हैं, तो मुझे ऐसा लगता है कि कहीं मैंने कुछ कहकर भूल तो नहीं की। क्योंकि आपको मैं ठीक नहीं कहना चाहूँगा। क्योंकि आप अगर ठीक होते तब तो कोई बात ही न थी। यह तो राम-राम आप कह ही रहे हैं। मैं आपके राम-राम का समर्थन नहीं कर रहा हूँ। और आप तो कीर्तन करते ही रहे हैं। मैं आपके कीर्तन का समर्थन नहीं कर रहा हूँ। क्योंकि अगर आप कीर्तन से पहुँच सकते होते तो पहुँच ही गए होते। वह आप नहीं पहुँचे। मैं तो कीर्तन का जो मूल है, उसकी बात कह रहा हूँ, आपके कीर्तन की बात नहीं कर रहा हूँ; नाम का जो मूल है, उसकी बात कर रहा हूँ, आपके नाम की बात नहीं कर रहा हूँ; मूर्ति का जो मूल है, उसकी बात कर रहा हूँ, आपके घरों में रखी हुई मूर्तियों की चर्चा नहीं कर रहा हूँ। उनको तो मैं निकालूँगा और फिंकवा दूँगा। उनको तो नहीं रखा जा सकता है।

लेकिन इसका मतलब यह नहीं है कि उन सब सूत्रों के पीछे कुछ भी नहीं था, उन सब सूत्रों के पीछे बहुत कुछ था। सच तो यह है कि हम सिर्फ़ उसी सूत्र के नाम पर हज़ारों साल तक ग़लत सूत्रों को खींच सकते हैं, जिसमें कुछ रहा हो। नहीं तो खींच भी नहीं सकते। अगर हम किसी चीज़ को हज़ारों साल तक खींचते हैं बिना कुछ पाए, तो उसका मतलब इतना ही है कि मनुष्य की चेतना में कहीं वह अनुभव छिपा है कि उससे पाया गया था। नहीं तो हम उसे खींच नहीं सकते। कचरे को भी अगर कोई आदमी बहुत दिन तक खींचता है, तो इसलिए खींचता है कि उस कचरे में भी कभी हीरे के दर्शन हुए हैं, किसी अतीत क्षण में। नहीं तो उस कचरे को कोई खींचेगा कैसे! अगर ग़लत चीज़ें भी चलती हैं, तो इसलिए चल पाती हैं, कि उन ग़लत के पीछे कभी कोई सत्य था, जो खो गया है। अन्यथा ग़लत को

खींचा नहीं जा सकता है।

'भगवान्श्री, चैतन्य महाप्रभु का जीव-जगत् जो जगदीश से भिन्न भी है और अभिन्न भी है, वह अचिंत्य भेदाभेदवाद है। वह आपके कील और पहिये के नज़दीक आता है।'

बिल्कुल आ जाएगा, बिल्कुल आ जाएगा। चैतन्य कृष्ण को प्रेम करनेवाले यात्रियों में सर्वाधिक महत्त्वपूर्ण है। अचिंत्य भेदाभेद, इसमें कीमती शब्द अचिंत्य है, 'अनथिंकेबल'। जो सोचते हैं, वे या तो कहेंगे कि जगत् में जीव और जगत् का भेद है, तो भेदवाद होगा। या वे कहेंगे कि जीव और जगत् एक है, तो अभेदवाद होगा। चैतन्य कहते हैं, दोनों हैं–भेद–अभेद दोनों हैं। एक भी है, भिन्न भी हैं। जैसे लहर भिन्न भी है सागर से और एक भी है। निश्चित ही। लहर भिन्न है तब तो हमने उसे नाम दिया लहर का। और एक तो है ही। अगर सागर से एक न हो तो होगी कहाँ! तो लहर एक भी है और भिन्न भी है, भेद भी है और अभेद भी है। लेकिन इतना भी चिंतन में आ जाता है। यह भी चिंतन की ही बात हुई। इतना भी चिंतन में आ जाता है कि एक भी हो सकती है, भिन्न भी हो सकती है। उस पर एक शब्द और जड़ देते हैं वह, कहते हैं, अचिंत्य, 'अनथिंकेबल'। वही शब्द बड़ा अद्भुत है। वह यह कहते हैं कि अगर यह भी तुमने चिंतन से पाया, तो तुमने कुछ पाया नहीं। अगर यह भी तुमने सोच-सोचकर पाया है, तो यह सिर्फ़ सिद्धांत है, कुछ पाया नहीं। अगर सोचने के बाहर पाया है, तो फिर अनुभव में पाया है।

इसे समझना अच्छा होगा।

जब तक हम सोचकर पाते हैं, तब तक हम शब्दों में ही पाते हैं। और जब हम जीकर पाते हैं, वह अचिंत्य हो जाता है। जीवन पूरा ही अचिंत्य है। उसका कोई चिंतन नहीं होता। एक आदमी प्रेम को समझे और शास्त्रों से समझ ले, तो बहुत लिखा है शास्त्रों में। शायद प्रेम के संबंध में जितना लिखा है, किसी और चीज़ के संबंध में नहीं लिखा है। विराट् साहित्य

है प्रेम का—काव्य हैं, महाकाव्य हैं, व्याख्याएँ हैं, चर्चाएँ हैं, कोई आदमी प्रेम को समझ ले। तो समझ लेगा, प्रेम की व्याख्या कर देगा. लेकिन फिर भी प्रेम को उसने जाना नहीं; और एक आदमी है, जिसने कि प्रेम के संबंध में कुछ भी नहीं सुना, कुछ भी नहीं समझा, कुछ भी नहीं जाना, लेकिन प्रेम को जिया है। इन दोनों में क्या फ़र्क़ होगा, इनकी जानकारी का क्या भेद होगा। एक की जानकारी चिंत्य है, एक की जानकारी चिंतन से उपलब्ध हुई है। एक की जानकारी चिंत्य नहीं है, अनुभव है। अनुभव सदा अचिंत्य है। वह चिंतन से नहीं आता, चिंतन के पहले आ जाता है। और अनुभव के पीछे चिंतन चलता है। अनुभव पहले आ जाता है, चिंतन सिर्फ़ अभिव्यक्त करता है।

इसलिए चैतन्य कहते हैं, अचिंत्य है। और चैतन्य के कहने का अर्थ ज़रा ज़्यादा है। ऐसे तो मीरा भी कहेगी कि सोच-समझ के परे है, लेकिन मीरा कभी बहुत सोच-समझ की स्त्री थी ही नहीं। लेकिन चैतन्य तो महातार्किक थे। चैतन्य की जो ख़ूबी है वह यह है कि यह आदमी तो महातार्किक था। इसके तर्क का तो कोई अंत न था। इसने तो चिंतन के ऊँचे-से-ऊँचे शिखर को छुआ था। इसके साथ विवाद करने की सामर्थ्य न थी किसी की। विवाद में जहाँ खड़ा होता, विजेता ही होता। तो जब यह चैतन्य इतना सब विवाद करके, इतना सब पांडित्य रचकर, इतना सब तर्क और ऊहापोह करके एक दिन कहने लगे कि अब मैं नाचूँगा और अचिंत्य को खोजूँगा, तब इसका अर्थ और हो जाता है। मीरा तो कभी कोई तर्किक थी नहीं। प्रेम उसका जीवन था। उसमें प्रेम के फूल लगे, तो सहज थे। यह आदमी उलटे थे चैतन्य। यह आदमी प्रेम के आदमी न थे और अगर प्रेम की तरफ़ आए तो चिंतन की पराजय से आए, किसी और से पराजित होकर नहीं। अपने ही भीतर चिंतन को पराजित पाकर कि वह जगह आ गई, जहाँ चिंतन हार जाता है और बाहर जीवन आगे शेष रह जाता है।

इसलिए मैंने कहा कि कृष्ण के मार्ग पर चले हुए लोगों में चैतन्य का मुक़ाबला नहीं है। ध्यान में है मेरे कि मीरा भी उस मार्ग पर है, लेकिन चैतन्य से मुक़ाबला नहीं है। क्योंकि चैतन्य जैसा आदमी नाच नहीं सकता। चैतन्य जैसा आदमी मंजीरा ठोककर सड़कों पर भाग नहीं सकता। और जब

चैतन्य जैसा आदमी मंजीरा ठोकने लगे और 'हरे कृष्ण, हरे राम' कहकर सड़कों पर नाचने लगे, तो सोचने जैसा है। तो ज़रा विचारने जैसा है। ऐसे जैसे बर्ट्रेंड रसॅल नाचने लगे। बस, वैसे ही आदमी है वह। इसके वक्तव्य का मूल्य बहुत ज़्यादा हो जाता है। इसके वक्तव्य का मूल्य ही यही है कि इस आदमी का नृत्य में उतर जाना और झाँझ-मंजीरा पीटने लगना और यह कह देना कि अचिंत्य है वह और अब हम चिंतन छोड़ते हैं और अचिंतन से उसे पाएँगे, इस बात की ख़बर देता है कि चिंतन के पार भी केवल वे ही जा सकते हैं ठीक से, जो गहन चिंतन में उतरते हैं। गहन चिंतन में उतरते हैं वे एक दिन ज़रूर उस सीमा-रेखा पर पहुँच जाते हैं, जहाँ वह 'लिमिट' आ जाती है, सीमांत आ जाता है, जहाँ पत्थर लगा है और लिखा है कि बुद्धि अब यहीं तक चलती है, आगे नहीं चलती। जगह है ऐसी, जहाँ बुद्धि का सीमांत आ जाता है। इसलिए चैतन्य के वक्तव्य का बड़ा मूल्य है। वह उस पत्थर के आगे गया मूल्य है। मीरा उस पत्थर तक कभी पहुँची नहीं, उसने उस पत्थर तक कभी भी कोई यात्रा नहीं की।

"भगवान्श्री! अमेरिका, इंगलैंड तथा अन्य देशों में आजकल 'कृष्ण-चेतना आंदोलन' बहुत तेज़ी से चल रहा है और वे संकीर्तन वग़ैरह का बहुत उपयोग करते हैं। इससे ऐसा मालूम होता है कि कोई नया 'वैराइटी आइटम' या कोई मनो-विनोदक चीज़ है, या कोई नया 'फेड'। या क्या आप ऐसा कह सकते हैं कि वहाँ कृष्ण-जन्म की कोई पूर्व भूमिका बन रही है।"

बड़े गहरे 'इंप्लीकेशंस' हैं। कृष्ण-चेतना का आंदोलन, 'कृष्ण कांसॅसनेस' का आंदोलन यूरोप-अमेरिका में रोज़ ज़ोर पकड़ता जा रहा है। जैसे किसी दिन चैतन्य बंगाल के गाँवों में नाचते हुए गूँजे व निकले थे, वैसा आज न्यूयार्क और लंदन की सड़कों पर भी हरिकीर्तन सुनायी पड़ता है। यह आकस्मिक नहीं है।

असल में जहाँ चैतन्य व्यक्तिगत रूप से थक गए थे, वहाँ पश्चिम सामूहिक रूप से थक रहा है। चैतन्य सोच-सोचकर व्यक्तिगत रूप से थक गए थे और पाया था कि सोचने से पार नहीं है, और पश्चिम सामूहिक रूप से सोचने से थक गया है। सुकरात से लेकर बर्ट्रेंड रसॅल तक पश्चिम ने सिर्फ़ सोचा ही है और सोच-सोचकर ही खोजने की कोशिश की है सत्य को। बड़ी विराट् साधना थी यह भी, बड़ा अनूठा प्रयोग था यह भी कि पश्चिम ने अपने पूरे प्राण इस बात पर लगा दिए हैं, सुकरात से लेकर रसॅल तक, कि हम सोचकर ही सत्य को पा लेंगे और सत्य को किसी-न-किसी तरह 'लॉजिक' और तर्क की सीमा में उपलब्ध करना है। और उस सत्य को पश्चिम निरंतर इनकार करता रहा है, जो तर्क की सीमा में नहीं आता है। जो अतर्क्य है, उसको उसने कहा, नहीं हम मानेंगे जब तक हमारी बुद्धि और मस्तिष्क स्वीकार नहीं कर लेते।

इन पच्चीस सौ साल की यात्रा में पश्चिम ने गहन तर्क किया है। पश्चिम सामूहिक रूप से थक गया और सत्य की कोई झलक नहीं मिली। बार-बार लगा कि यह रहा है, यह रहा, अब पास है, पास है, और पास पहुँचकर पाया कि नहीं, फिर 'कांसेप्ट' ही हाथ में रह गए, सिद्धांत ही हाथ में रह गए, सत्य नहीं है।

पश्चिम की सामूहिक चेतना, 'कलैक्टिव कांसॅसनेस' उस जगह आ रही है, जहाँ चैतन्य व्यक्तिगत रूप से आ गए हैं। इसलिए पश्चिम में 'एक्सप्लोजन' संभावी है—जो हो रहा है। वसंत के पहले फूल आने शुरू हो गए हैं। जगह-जगह विस्फोट हो रहा है। पश्चिम की युवा पीढ़ी जगह-जगह टूट रही है और जगह-जगह उसने अचिंत्य की दिशा में क़दम उठाने शुरू कर दिए हैं। और अगर अचिंत्य की दिशा में क़दम रखने हैं, तो कृष्ण से ज़्यादा ठीक प्रतीक दूसरा नहीं है। महावीर के वक्तव्य बहुत तर्कयुक्त हैं। अगर महावीर रहस्य की बात भी करते हैं तो भाषा सदा तर्क की है। अगर महावीर कभी भी कोई बात करते हैं, तो विचार की संगति कभी भी टूटती नहीं। बुद्ध अगर पाते हैं कि कोई बात रहस्य की है, तो चर्चा करने से इनकार कर देते हैं। उसकी चर्चा नहीं करते। वह कह देते हैं, अव्याख्येय।

इसकी बात नहीं होगी। बात वहीं तक करेंगे, जहाँ तक तर्क है।

पश्चिम के चित्त में आज जो तनाव है, वह चिंतन से पैदा हुआ तनाव है। जो 'एंग्जाइटी' है, जो 'मेंटल एंग्विस' है, जो संताप है, वह परम तक चिंतन को खींचने का परिणाम है। 'अल्टीमेट' तक चिंतन को खींचा गया है, जहाँ उसकी दम टूटी जा रही है। वहाँ नयी पीढ़ियाँ बग़ावत करेंगी। यह बग़ावत बहुत रूपों में प्रकट होगी। क्योंकि चैतन्य एक आदमी थे, एक रूप में होगी। एक पीढ़ी जब बग़ावत करती है, तो बहुत रूपों में प्रकट होगी। उस अचिंत्य में यात्रा करने के लिए कोई भजन-कीर्तन कहकर कृष्ण नाम जपने लगेगा, कोई उस अचिंत्य में प्रवेश करने के लिए एल.एस.डी. और मेस्कलीन का प्रयोग करने लगेगा। कोई उस अचिंत्य में प्रवेश करने के लिए भारत चला आएगा और हिमालय की यात्रा करने लगेगा। कोई उस अचिंत्य की खोज में झेन फ़क़ीरों के पास जापान चला जाएगा। वह अचिंत्य की खोज चल रही है।

लेकिन, मुझे लगता है कि कृष्ण इस अचिंत्य की खोज में धीरे-धीरे पश्चिम के रोज़ निकट आते चले जाएँगे। एल.एस.डी. दूरगामी साथी नहीं हो सकता। और कब तक लोग भारत की यात्रा करते रहेंगे और कितने लोग यात्रा करते रहेंगे? और कब तक लोग जापान में जाकर झेन फ़क़ीरों के चरणों में बैठते रहेंगे? पश्चिम को अपनी ही चेतना खोजनी पड़ेगी। यह उधार बातें ज़्यादा देर नहीं चल सकती हैं।

तो पश्चिम के चित्त में वह घटना टूट रही है और बड़े मज़े की बात है अगर हिंदुस्तान में आप किसी व्यक्ति को भजन-कीर्तन करते देखें, तो उसके चेहरे पर वह आनंद का भाव नहीं होता, जो लंदन के लड़के और लड़कियाँ जब भजन-कीर्तन करते हैं तो उनके चेहरे पर है। हमारे लिए वह पिटा-पिटाया क्रम है, घिसा हुआ सिक्का है। हम सब भलीभाँति जानते हैं कि क्या कह रहे हैं। उनके लिए बड़ा नया सिक्का है। वह उनके लिए छलाँग है। हमारे लिए परंपरा है, हमारे लिए 'ट्रेडीशन' है, उनके लिए बिल्कुल 'एंटी-ट्रेडीशनल' है। जब लंदन की सड़क से कोई गुज़रता है, मंजीरे बजाते हुए और नाचते हुए, तो ट्रैफिक का पुलिस वाला भी खड़ा होकर सोचता है

कि दिमाग़ ख़राब हो गया! हमारे मुल्क़ में कोई नहीं सोचेगा। नहीं कोई करता है, उसी का दिमाग़ ख़राब है। जो करता है, उसका दिमाग़ तो बिल्कुल ठीक है। लेकिन दुनिया के धर्म पगलों से चलते हैं, बुद्धिमानों से नहीं। दुनिया में सारे-के-सारे, जिनको 'ब्रेक थ्रू' कहें हम, जहाँ चीज़ें टूटती हैं और बदलती हैं, वह पागलों से होती हैं, दीवानों से होती हैं। हमारे मुल्क़ में भजन-कीर्तन करना दीवानगी नहीं है। कभी रही होगी। चैतन्य जब बंगाल में नाचा तो दीवाना था। लोगों ने समझा कि पागल हो गया। अब नहीं है वह बात! 'ट्रेडीशन' सबको पचा जाती है, बड़े-से-बड़े पागलों को पचा जाती है। उनको भी जगह बता देती है कि यह रहा तुम्हारा घर, तुम भी विश्राम करो।

पश्चिम में एक विस्फोट की हालत है। इसलिए पश्चिम का युवा-चित्त जब नाचता है, तो उस नाच में बड़ी मोहकता है, बड़ी सरलता है। कृष्ण-जन्म की कोई तैयारी नहीं हो रही, लेकिन कृष्ण-चेतना के जन्म की तैयारी ज़रूर हो रही है। कृष्ण-चेतना का कोई संबंध कृष्ण से नहीं है। कृष्ण-चेतना प्रतीक शब्द है, जिसका मतलब है ऐसी चेतना की संभावना पश्चिम में ही रही है कि लोग काम को छोड़ेंगे और उत्सव को पकड़ेंगे। हाँ, 'सिंबालिक', प्रतीकात्मक रूप से काम बेमानी हो गया। पश्चिम बहुत काम कर चुका, पश्चिम बहुत चिंतन कर चुका, पश्चिम बहुत... मनुष्य जो भी कर सकता था मनुष्य की सीमाओं में वह सब कर चुका और थक गया, बुरी तरह थक गया। या तो पश्चिम मरेगा, या कृष्ण-चेतना में प्रवेश करेगा। और मरता तो कुछ नहीं। कृष्ण चेतना में प्रवेश करना होगा।

क्राइस्ट उतने प्रतीकात्मक आज पश्चिम को नहीं मालूम होते हैं। उसका भी वही कारण है, 'ट्रेडीशन'। क्राइस्ट अब 'ट्रेडीशन' हैं। कृष्ण अब 'एंटी-ट्रेडीशन' हैं। कृष्ण जो हैं, वह चुनाव है, और क्राइस्ट जो हैं, वह कोई चुनाव नहीं है, आरोपण है। फिर क्राइस्ट गंभीर हैं। और पश्चिम गंभीरता से ऊब गया है। 'टू मच सीरियसनेस' अंततः 'डिसीज्ड' हो जाती है। बहुत ज़्यादा गंभीरता गहरे में रुग्णता बन जाती है। तो पश्चिम गंभीरता से उठना चाहता है। 'क्रॉस' बड़ा गंभीर प्रतीक है। 'क्रॉस' पर लटका हुआ जीसस बड़ा गंभीर व्यक्तित्व है। पश्चिम घबरा गया है। हटाओ 'क्रॉस' को, लाओ बाँसुरी

को, और 'क्रॉस' के ख़िलाफ़ अगर कोई भी प्रतीक दुनिया में खोजने जाएँगे तो बाँसुरी के सिवा मिलेगा भी क्या! इसलिए कृष्ण की 'अपील' और कृष्ण के निकट आने की संभावना पश्चिम के चित्त में रोज़ बढ़ती चली जाएगी।

और भी कारण हैं।

कृष्ण के क़रीब सिर्फ़ 'एफुलुएंट सोसाइटी' हो सकती है। कृष्ण के क़रीब सिर्फ़ वैभव-संपन्न समाज हो सकता है। क्योंकि बाँसुरी बजाने की चैन ग़रीब, दीन-दरिद्र समाज में नहीं हो सकती। कृष्ण जिन दिन पैदा हुए उन दिनों के मापदंड से कृष्ण का समाज काफ़ी संपन्न समाज था। खाने-पीने को बहुत था। दूध और दही तोड़ा-फोड़ा जा सकता था। दूध और दही की मटकियाँ सड़कों पर गिरायी जा सकती थीं। उन दिनों के हिसाब से, उन दिनों के 'स्टैंडर्ड ऑफ लिविंग' से संपन्न समाज था—संपन्नतम समाज था। सुखी थे लोग, खाने-पीने को बहुत था। पहनने-ओढ़ने को बहुत था। एक आदमी काम कर लेता और पूरा परिवार बाँसुरी बजा सकता था। उस संपन्न क्षण में कृष्ण की 'अपील' पैदा हुई थी। पश्चिम अब फिर आज के मापदंडों के हिसाब से संपन्न हो रहा है। शायद भारत में कृष्ण के लिए अभी बहुत दिन तक प्रतीक्षा करनी पड़ेगी। अभी भारत के मन में कृष्ण बहुत ज़्यादा गहरे नहीं उतर सकते। क्योंकि दीन-दरिद्र समाज बाँसुरी बजाने की बात नहीं सोचता, उसको तो लगता है, क्राइस्ट ही ठीक हैं। जो ख़ुद ही सूली पर लटका है रोज़, उसके लिए क्राइस्ट ही ठीक मालूम पड़ सकते हैं। इसलिए यह बड़ी अनोखी घटना घट रही है कि हिंदुस्तान में रोज़-रोज़ क्राइस्ट का प्रभाव बढ़ रहा है। अगर कोई यह सोचता हो कि यह 'मिशनरी' लोगों को बरगला कर ईसाई बना रहा है, इतना ही काफ़ी नहीं है। ईसा का प्रतीक हिंदुस्तान के दीन-दुःखी मन के बहुत क़रीब पड़ रहा है। सिर्फ़ 'मिशनरी' बरगला नहीं सकता। अगर वह बरगला भी सकता है तो सिर्फ़ इसीलिए कि वह प्रतीक निकट आ रहा है। अब कृष्ण की स्वर्ण-मूर्ति और राम के वैभव में खड़ी हुई मूर्तियाँ हिंदुस्तान के ग़रीब मन के बहुत विपरीत पड़ती हैं। बहुत दूर न होगा वह दिन, जिस दिन हिंदुस्तान का ग़रीब अमीर पर ही न टूटे, कृष्ण और राम पर भी टूट पड़े। इसमें बहुत कठिनाई नहीं होगी। क्योंकि ये

स्वर्ण-मूर्तियाँ नहीं चल सकतीं। लेकिन क्राइस्ट का सूली पर लटका हुआ व्यक्तित्व ग़रीब के मन के बहुत क़रीब आ जाता है। हिंदुस्तान के ईसाई होने की बहुत संभावनाएँ हैं, उसी तरह, जैसे पश्चिम के कृष्ण के निकट आने की संभावनाएँ हैं।

पश्चिम के मन में अब 'क्रॉस' का कोई अर्थ नहीं रहा है। न पीड़ा है, न दुःख है। वे दुःख और पीड़ा के दिन गए। सच्चाई यह है कि अब एक ही दुःख है कि संपन्नता बहुत है, इस संपन्नता के साथ क्या करें! सब कुछ है, अब इसके साथ क्या करें! निश्चित ही कोई नाचता हुआ प्रतीक, कोई गीत गाता प्रतीक, कोई नृत्य करता प्रतीक पश्चिम के करीब पड़ जाएगा। और इसलिए पश्चिम का मन अगर कृष्ण की धुन से भर जाए, तो आश्चर्य नहीं है।

"भगवान्श्री, पश्चिम में 'कृष्ण कांसॅसनेस' के आंदोलन का नेतृत्व 'इर्रेशनल' कवि एलन गिन्सबर्ग ने लिया है। चिंतक वर्ग पर अभी तक कोई प्रभाव पड़ा नहीं लगता। दूसरा आप 'एफुलुएंट सोसाइटी' की कल ही बात करते थे। वे चतुर्वर्ण थे। गीता में भी, भागवत् में भी सुदामा का जो वर्णन आता है उसमें वह दारिद्रय का प्रतीक है। कृष्ण के ज़माने में भी सुदामा 'पावर्टी' का प्रतीक था। गीता में 'कलौ केशव कीर्तनात्' और 'यज्ञानाम् जपयज्ञस्मि' का क्या अर्थ है?"

नहीं, मैं यह नहीं कहा रहा हूँ कि उस दिन कोई ग़रीब न था और न मैं यह कह रहा हूँ कि आज पश्चिम में कोई ग़रीब नहीं है। यह मैं नहीं कह रहा हूँ। खोजने से पश्चिम में मिलेंगे ही। ग़रीब तो हैं ही। समाज ग़रीब नहीं है। ग़रीब उस दिन भी थे, सुदामा उस दिन भी था। लेकिन समाज ग़रीब नहीं था। समाज की ग़रीबी और बात है, ग़रीब व्यक्ति खोज लेना और बात है। आज हम भारत के समाज को ग़रीब कह सकते हैं, हालाँकि बिड़ला भी

मिलेंगे। लेकिन बिड़ला के कारण भारत का समाज अमीर नहीं हो सकता। सुदामा के कारण उस दिन का समाज ग़रीब नहीं हो सकता।

हिंदुस्तान के इतने ग़रीब समाज में अमीर तो मिलेगा ही। पश्चिम के, अमरीका के संपन्न समाज में भी ग़रीब तो मिलेगा ही। यह सवाल नहीं है। सवाल यह है कि बहुजन, समाज का पूरा-का-पूरा ढाँचा संपन्न था। जो उस दिन जीवन की सुविधा थी, वह अधिकतम लोगों को उपलब्ध है। संपन्न समाज में उत्सव प्रवेश कर सकता है, ग़रीब समाज में उत्सव प्रवेश नहीं कर सकता। ग़रीब समाज में उत्सव धीरे-धीरे विदा होता जाता है। या कि उत्सव भी फिर एक काम बन जाता है। ग़रीब समाज उत्सव भी मनाता है, दिवाली भी मनाता है, तो क़र्ज़ लेकर मनाता है। होली भी खेलता है तो पिछले वर्ष के पुराने कपड़े बचाकर रखता है। होली के दिन फटे-पुराने कपड़ों को सिलाकर निकल आता है। अब जब होली ही खेलनी है तो फटे-पुराने कपड़ों से खेली जा सकती है तो मत ही खेलो। होली का मतलब ही यह है कि कपड़े इतने ज़्यादा हैं कि रंग में भिगोए जा सक़ते हैं। ग़रीब आदमी भी होली तो खेलेगा, लेकिन वह पुराने ढाँचे को ढो रहा है सिर्फ़। नहीं तो होली के दिन जो सबसे अच्छे कपड़े थे, वही पहनकर निकलते थे लोग। उसका मतलब ही यह था कि इतने अच्छे कपड़े हैं, तुम रंग डालो। लेकिन जिससे हम रंग डलवाने जा रहे हैं, उसको भी धोखा दे रहे हैं, कपड़ा पुराना, सी-साकर आ गए हैं, धुलवाकर आ गए हैं। वह रंग डालनेवाले को भी धोखा दे रहे हैं। रंग डालने का मतलब ही क्या था? जिन लोगों ने कपड़ों पर रंग डालने का खेल खेला होगा, उनके पास कपड़े ज़रूरत से ज़्यादा रहे होंगे, अन्यथा नहीं खेल सकते हैं ये खेल। हम भी खेल रहे हैं, लेकिन हमारा खेल सिर्फ़ एक ढोना है एक रूढ़ि को। इसलिए दिल दुखता है। होली के दिन कोई कपड़े पर रंग डाल जाता है तो दिल दुःखता है। दिल ख़ुश होना चाहिए कि किसी ने रंग डालने-योग्य माना, लेकिन दिल दुखता है। दुखेगा, क्योंकि कपड़े भारी महँगे पड़ गए हैं, अब कपड़े इतने आसान नहीं रह गए हैं। हाँ, पश्चिम में होली खेली जा सकती है। अभी कृष्ण का नृत्य चल रहा है, आज नहीं, कल होली पश्चिम में प्रवेश करेगी, इसकी घोषणा की जा

सकती है। पश्चिम होली खेलेगा। अब उनके पास कपड़े हैं, रंग भी है, समय भी है, फुरसत भी है, अब वे खेल सकेंगे। और उनकी होली में एक आनंद होगा, उत्सव होगा, जो हमारी होली में नहीं हो सकता है।

संपन्नता से मेरा मतलब है, 'आन दॅ होल' पश्चिम का समाज संपन्न हुआ है। और जब पूरा समाज संपन्न होता है, तो जो उस समाज में दरिद्र होता है, वह भी उस समाज के संपन्न से बेहतर होता है, जो समाज दरिद्र होता है। यानी आज अमरीका का दरिद्रतम आदमी भी पैसे पर उतनी पकड़वाला नहीं है, जितना हिंदुस्तान का संपन्नतम आदमी है। हिंदुस्तान के अमीर-से-अमीर आदमी की पैसे पर पकड़ इतनी ज़्यादा है–होगी ही–क्योंकि चारों तरफ़ दीन-दरिद्र समाज है। अगर वह ज़ोर से न पकड़े तो कल वह भी दीन-दरिद्र हो जाएगा।

मैंने सुनी है एक घटना कि एक भिखारी बहुत मस्त, स्वस्थ, तगड़ा भिखारी एक घर के सामने भीख माँग रहा है। गृहिणी ने उसे दिया है कुछ, दिल खोलकर दिया है। फिर उसकी तरफ़ गौर से देखा है कि वह स्वस्थ है, सुंदर है। उसने उससे पूछा कि तुम्हें देखकर तो ऐसा नहीं लगता कि ग़रीब के घर में पैदा हुए हो, लेकिन ग़रीब कैसे हो गए? तो उसने कहा, 'इसी भाँति, जिस भाँति तुम हो जाओगी। जितने मज़े से तुमने दिया है, इतने मज़े से मैं देता रहा। ज़्यादा देर न लगेगी कि तुम सड़क पर आ जाओगी।'

जब चारों तरफ़ ग़रीब समाज हो तो धन की पकड़ पैदा होती है। अमीर-से-अमीर धन को पकड़ लेता है। जब समाज संपन्न हो तो ग़रीब-से-ग़रीब आदमी धन को छोड़ पाता है। क्योंकि कोई डर नहीं है, कल फिर मिल सकता है। कोई असुरक्षा नहीं है। कोई भय नहीं है।

इस अर्थ में मैंने कहा। और इस अर्थ में भी कहा। दूसरी बात जो पूछी है, वह भी सोच लेनी चाहिए। वह यह पूछी है कि पश्चिम में एलन गिन्सबर्ग और इस तरह के लोगों से वह जो 'ब्रेक थ्रू' है, वह जो छलाँग है, आ रही है। ये सारे-के-सारे लोग, चाहे 'एक्जिस्टेंशियलिस्ट' हों और चाहे बीटल हों और चाहे बीटनिक हों और चाहे हिप्पी हों और चाहे इप्पी हों, किसी भी तरह के लोग हों, ये सारे-के-सारे लोग 'इर्रेशनलिस्ट' हैं, ये

सारे-के-सारे लोग अबुद्धिवादी हैं।

पश्चिम का कोई बुद्धिवादी अभी इन बातों से प्रभावित नहीं है। इसके कारण हैं।

यह जो अबुद्धिवादी पीढ़ी पश्चिम में पैदा हुई है, जो 'इर्रेशनलिस्ट जेनेरेशन' पैदा हुई है, यह पिछली पीढ़ी के अति बुद्धिवाद से पैदा हुई है। यह उसकी प्रतिक्रिया है। असल में किसी समाज में अबुद्धिवादी तभी पैदा होते हैं, जब बुद्धिवाद चरम पर पहुँच जाता है। नहीं तो पैदा नहीं होते। रहस्य की बात भी शुरू होती है, जब तर्क बिल्कुल प्राण लेने लगता है। परमात्मा की बात तभी शुरू होती है, जब पदार्थ छाती पर पत्थर होकर बैठ जाता है। और ध्यान रहे, गिन्सबर्ग या सार्त्र या कामू या कोई और ये सारे लोग घूम-फिरकर जहाँ 'एब्सर्ड' में खो जाते हैं, अतर्क्य में खो जाते हैं, उससे आप यह मत समझ लेना कि ये हमारे ग्रामीण अबुद्धिवादी जैसे लोग हैं, ये अपने अबुद्धिवाद में बड़े बुद्धिवादी हैं। इनका वह जो अतर्क्य होना है, अचिंत्य होना है, वह ऐसा नहीं है, जो श्रद्धालु का है। वह किसी श्रद्धालु का अचिंत्य होना नहीं है। वह चैतन्य जैसा ही है। वह उसका ही अचिंत्य होना है, जिसने चिंतन कर-करके, थक-थक के पाया है कि बेकार है। तो गिन्सबर्ग के वक्तव्य या उसकी कविता अगर 'एब्सर्ड' है, अगर अतर्क्य है या बुद्धि के परे है या अबुद्धिवादी है या बुद्धि-विरोधी है तो ध्यान रखना, उसके इस अबुद्धिवादी होने में भी एक 'सिस्टम' है, एक व्यवस्था है।

नीत्से ने कहीं कहा है कि मैं पागल हूँ, 'बट माइ मैडनेस हैज इट्स ओन लॉजिक'। लेकिन मेरे पागल होने का अपना तर्क है। मैं कोई ऐसे ही पागल नहीं हूँ। मैं कोई ऐसा ही पागल नहीं हूँ जैसे पागल होते हैं। मेरे पागल होने का भी कारण है। मेरे पागल होने का भी 'सिस्टम' है।

यह अबुद्धिवाद जो है, जानकार है, होशपूर्वक है, चेष्टापूर्वक है। इस अबुद्धिवाद का अपना आग्रह है। इस अबुद्धिवाद में बुद्धिवाद का स्पष्ट विरोध है, खंडन है। निश्चित ही जब अबुद्धिवाद खंडन करता है, विरोध करता है, तो तर्कों से नहीं करता है। क्योंकि अगर वह तर्कों से करे, तो वह खुद ही बुद्धिवादी हो जाता है। नहीं, वह अतर्क्य जीवन-व्यवस्था से करता

है। गिन्सबर्ग एक छोटी–सी 'पोएट गेदरिंग' में कविता पढ़ रहा था। और कविता उसकी बेमानी है, 'मीनिंगलेस' है। एक कड़ी की दूसरी कड़ी से कोई संगति नहीं है। अगर है भी तो कोई एक ही संगति है कि एक ही आदमी से निकलती है। बाक़ी और कोई संगति नहीं है। पहली कड़ी और दूसरी कड़ी में कोई तालमेल नहीं है। प्रतीक सब बेहूदे हैं। प्रतीकों का परंपरा से कोई संबंध नहीं है। बड़ा दुस्साहस है। असंगत दीखने से बड़ा दुस्साहस जगत् में दूसरा नहीं है। इसलिए असंगत होने का दुस्साहस केवल वही कर सकता है, जिसे प्राणों के बहुत गहरे में संगति का भाव हो। जो जानता है कि मैं संगत हूँ ही। कितना ही असंगत वक्तव्य दूँ, इससे कोई बहुत फ़र्क़ नहीं पड़ता, मेरी संगति सुरक्षित है।

जिनकी संगति बहुत आत्मिक नहीं है, वह एक–एक वक्तव्यों को तौल–तौल कर चलेंगे, एक–एक वाक्य को तौल–तौल कर चलेंगे, क्योंकि डर है कि अगर दो वक्तव्य असंगत हो गए, तो भीतर की असंगति प्रकट न हो जाए। जो भीतर बिल्कुल ही 'कंसिस्टेंट' है, ही कैन एफ़ॉर्ड टू बी इनकंसिस्टेंट', वह 'इनकंसिस्टेंट' हो सकता है। तो वह गिन्सबर्ग बड़ी असंगत कविता कह रहा है। बड़ा दुस्साहस है। एक आदमी खड़े होकर कहता है कि बड़े दुस्साहसी आदमी मालूम पड़ते हो। लेकिन, कविता करने से क्या होगा? कोई 'एक्ट', कोई 'डीड', कोई कृत्य करके दिखाओ साहस का। तो गिन्सबर्ग सारे कपड़े छोड़ देता है, नंगा खड़ा हो जाता है। वह कहता है, यह मेरी कविता की आख़िरी कड़ी है। वह उस आदमी से कहता है, कृपा करो और तुम भी नंगे खड़े हो जाओ। वह आदमी कहता है, यह मैं कैसे हो सकता हूँ! यह मैं कैसे हो सकता हूँ! और वह हाल सकते में आ जाता है। क्योंकि किसी को ख़याल न था कि कविता का अंत ऐसा हो सकता है, या कविता की ऐसी कड़ी आख़िरी कड़ी हो सकती है। उससे लोग पूछते हैं, गिन्सबर्ग, तुमने ऐसा क्यों किया? गिन्सबर्ग कहता है कि हम सोचकर नहीं करते हैं। ऐसा हो गया। ऐसा हो गया! मुझे ऐसा लगा कि अब क्या करूँ? वह आदमी पूछता है, कुछ करके दिखाओ। अब मैं क्या करूँ!

मगर यह 'स्पांटेनियस' है, यह कोई सोचा–विचारा नहीं है, लेकिन

अतर्क्य है। कविता से इसका कोई संबंध नहीं है। कोई कालिदास, कोई भवभूति, कोई रवींद्रनाथ यह नहीं कर सकते। वे कवि हैं, परंपरा से बँधे हुए कवि हैं। यह सोच ही नहीं सकते कि भवभूति ऐसा करेंगे। यह सोच ही नहीं सकते कि रवींद्रनाथ ऐसा करेंगे। यह नहीं हो सकता। यह ख़याल में ही नहीं हो सकता। यह आदमी कर पा रहा है। यह यही कर रहा है कि तर्क से सोच-सोचकर कब तक जिओगे? कब तक 'सिलोजिज्म' तुम्हारी ज़िंदगी होगी? कब तक तुम दो और दो जोड़कर ज़िंदा रहोगे? कब तक तुम हिसाब, खाते-बही करोगे और ज़िंदा रहोगे? छोड़ो खाते-बही, छोड़ो हिसाब और ज़िंदा रहो। अब यह ज़िंदा रहना कैसा होगा?

इसलिए गिन्सबर्ग जैसे व्यक्ति मेरे लिए गाँव के गँवार, ग्रामीण श्रद्धालु नहीं हैं। यह एक बहुत पक्की गहरी बुद्धिवादी परंपरा की आख़िरी कड़ी है। और जब बुद्धिवादी परंपरा मरती है, जब वह सीमा पर पहुँच जाती है, जब उसे इनकार करनेवाले लोग पैदा होते हैं ... मैं मानता हूँ, कृष्ण भी बहुत बड़ी बुद्धिवादी परंपरा की आख़िरी कड़ी हैं। हिंदुस्तान बुद्धि के चरम शिखर छुआ है। हमने शब्दों की खाल उधेड़ डाली है। हमने बाल को काटने की, बीच से चीरने की कोशिश की है। हमारे पास बहुत ऐसा साहित्य है, जो दुनिया की किसी भाषा में अनुवादित नहीं हो सकता, क्योंकि इतने बारीक शब्द दुनिया की किसी भाषा के पास नहीं हैं। हमारे पास ऐसे शब्द हैं, जो पूरे पृष्ठ पर एक ही शब्द होता है। क्योंकि हम इतने विशेषण लगाते हैं उसमें और इतनी शर्तें लगाते हैं और इतनी बारीकियाँ करते हैं कि पूरे पृष्ठ पर एक ही शब्द फैल जाता है। कृष्ण भी एक अत्यंत बुद्धिवादी परंपरा का आख़िरी छोर हैं, जहाँ हम सोच चुके हैं, जहाँ हम वेद सोच चुके हैं और जहाँ हम उपनिषद् सोच चुके हैं और जहाँ हम पतंजलि सोच चुके हैं और जहाँ हम कपिल और कणाद सोच चुके हैं और जहाँ हमने समस्त, बृहस्पति से लेकर, सब सोच डाला है और सोच-सोचकर हम बुरी तरह से थक गए हैं, उसकी आख़िरी कड़ी में यह आदमी कृष्ण आता है। यह कहता है, अब-बहुत सोचना हो गया, अब हम जीना शुरू करें। 'लेट अस नाउ लिव, इनफ ऑफ थिंकिंग', बहुत हो चुका सोचना, अब जिएँगे कब?

और दूसरी बात भी इस संदर्भ में आपसे कहूँ कि चैतन्य भी बंगाल में ऐसे ही समय में आते हैं। बंगाल में 'नब्ब-न्याय' ने मनुष्य-जाति ने चिंतन की जो आख़िरी कड़ियाँ छुई हैं, वह छुईं। जिस गाँव में चैतन्य पैदा हुए, हिंदुस्तान के तार्किकों का अन्यतम गाँव है। वह नवदीप, जहाँ वे जन्मे, हिंदुस्तान के श्रेष्ठतम तार्किक नवदीप में इकट्ठे थे। वह काशी थी तार्किकों की। हिंदुस्तान भर का तर्क नवदीप में जन्म रहा था और 'नब्ब-न्याय' वहाँ पैदा हुआ। वहाँ हमने तर्क की नयी ऊँचाइयाँ छुईं, जो अभी पश्चिम छूने को है। अभी पश्चिम के पास जो तर्क है सब 'ओल्ड' है, नब्ब नहीं है। अभी अरस्तू पश्चिम के लिए तर्कशास्त्री है। नवदीप में हमने अरस्तू के आगे क़दम बढ़ाया, नवदीप में हमने तर्क को उसकी आख़िरी सीमा पर पहुँचा दिया। इतना ही कह देना काफ़ी था कि कोई पंडित नवदीप से आता है, फिर उससे कोई विवाद नहीं करता था। उससे विवाद करना बेकार था। उससे झगड़े में पड़ना बेकार था। वह नवदीप से आता है, इतनी गवाही काफ़ी थी कि वह जीत का 'सर्टिफिकेट' लेकर आता है। उससे तर्क में जीतने का कोई कारण नहीं, लड़ने की झंझट में पड़ना उचित नहीं। उस नवदीप में चैतन्य पैदा हुए हैं। चैतन्य ख़ुद भी वैसे ही तार्किक हैं। उन्होंने बड़े तार्किकों को उस नवदीप में हराया। उस नवदीप में जीतने के लिए हिंदुस्तान से तार्किक जाते थे और जो आदमी नवदीप में जाकर जीत जाता था, उसकी डुगडुगी सारे देश में बज जाती कि इससे बड़ा बुद्धिशाली कोई आदमी नहीं है! नवदीप जीत लिया, तो समस्त संसार जीत लिया। नवदीप जीतकर लौटना मुश्किल था।

अक्सर ऐसा ही होता था कि लोग जीतने आते थे और हारकर नवदीप के शिष्य हो जाते थे। वहाँ कोई एकाध तार्किक न था, वहाँ घर-घर तार्किक थे। वह पूरा गाँव तार्किकों का था। वहाँ एक से जीतिये तो दूसरा खड़ा था, वहाँ दूसरे से जीतिये तो तीसरा खड़ा था। वहाँ सीढ़ियाँ-दर-सीढ़ियाँ थीं। वहाँ पूरे नवदीप को जीतकर लौटना असंभव था। उस नवदीप में चैतन्य सबसे जीत गया। उस नवदीप में चैतन्य ने झंडा गाड़ दिया और उससे तर्क में कोई जीतने को न रहा और एक दिन यही चैतन्य जब झाँझ-मंजीरा लेकर

सड़क पर नाचने लगा और इसने कहा, अचिंत्य है सब, तब इसकी बात का बड़ा अर्थ है। यह उसी तर्क की आख़िरी परंपरा का हिस्सा है। यह चैतन्य उस तर्क की गहनतम चिंतना, खोज, अन्वेषण, बारीक-से-बारीक समझ के बाद यह कहता है कि हम नासमझ होने को राज़ी हैं। अब हम समझदार नहीं होना चाहते। अब समझदारी हम छोड़ते हैं। और नासमझ हम होते हैं। अब हम नाचेंगे नासमझी से। अब हम तर्क न करेंगे। अब हम तर्क से सत्य को खोजेंगे न, अब हम जिएँगे। तर्क की आख़िरी कड़ी पर जीवन शुरू होता है।

'भगवान्श्री, चैतन्य महाप्रभु और उनके अचिंत्य भेदाभेद की बात हुई, गिन्सबर्ग की भी बात हुई। इसके पहले शब्द के मंत्र बन जाने की विशिष्टता भी आपने बतायी। और यही बात नाम-कीर्तन पर भी लागू होती हैं साथ ही सुबह के प्रवचन में आपने कहा था कि शब्द का उपयोग किया नहीं कि द्वैत खड़ा हो जाता है। लेकिन कृष्ण ने बड़े विश्वास के साथ कहा है कि जो पुरुष ओम् अक्षर जप ब्रह्म का उच्चारण करता हुआ उसके अर्थस्वरूप मेरा चिंतन करता हुआ शरीर-त्याग करता है, वह पुरुष परमगति को प्राप्त होता है। भगवान्श्री, कृष्ण के शब्द ओम् से अद्वैत का बोध कैसे होता है? ओम् 'रेशनल' है या 'इर्रेशनल' है? आपके ध्यान-प्रयोग में ओम् को प्रवेश देने में क्या-क्या बाधाएँ थीं?'

शब्द सत्य नहीं हैं। सत्य तो नि:शब्द में ही उपलब्ध होता है। और सत्य को प्रकट करना हो तो भी शब्द से प्रकट किया नहीं जा सकता है। सत्य तो नि:शब्द में ही अभिव्यक्त होता है, मौन में ही प्रकट होता है। मौन ही सत्य की मुखरता है, मौन ही सत्य के लिए वाणी है, ऐसा मैंने सुबह कहा।

पूछा जाता है, अगर ऐसा है तो अभी आप कहते हैं कि शब्द बीज

बन सकता है, और शब्द साधना के लिए आधार बन सकता है। दोनों में कोई विरोध नहीं है, दोनों बात ही अलग हैं। मैंने कहा सुबह कि शब्द सत्य नहीं हैं। लेकिन जो असत्य में घिरे हैं, सत्य तक पहुँचने के लिए असत्य के सहारे ही चलते हैं। या तो छलाँग लगाएँ तब सीधे शब्द से मौन में कूद जाएँ। अगर छलाँग लगाने की हिम्मत न हो तो शब्द को धीरे-धीरे छोड़ते चलें। बीज शब्द का मतलब है, सब शब्द छोड़ो, एक ही शब्द पकड़ो। इसमें सब शब्द छोड़ो और एक शब्द पकड़ो। नहीं हिम्मत है सब एक-सा छोड़ने की तो सब छोड़ो, एक पकड़ो। फिर अंततः उस एक को भी छोड़ना पड़ता है। वह जो बीज-शब्द है, वह सत्य तक नहीं ले जाता, सिर्फ़ मंदिर के द्वार तक ले जाता है। जैसे मंदिर के बाहर जूते छोड़ देने पड़ते हैं, ऐसे उस बीज शब्द को भी बाहर ही छोड़ देना पड़ता है। मंदिर में प्रवेश करते वक़्त वह साथ नहीं जाता। उतनी दुविधा भी साथ नहीं ले जाई जा सकती। उतना शोरगुल भी बाधा है। सब शब्द तो बाधा हैं, बीज शब्द भी अंततः बाधा है।

इसलिए वे जो बीज शब्द की बात किए हैं, वे भी कहे हैं कि वह क्षण आएगा जब बीज शब्द भी खो जाएगा, तब तुम समझना ठीक हुआ। नाम जपना, लेकिन फिर अजपा नाम पर पहुँच जाना। जप से शुरू करना और अजपा पर पहुँच जाना। एक घड़ी आएगी, जप छूटे और अजप में कूद जाना। यह सारा मामला वही है– या पहले छोड़ो, या आख़िरी छोड़ो। कहीं छोड़ देना पड़ेगा। जो पहले छोड़ने की हिम्मत रखते हैं, वह पहले छोड़ दें। जो नहीं छोड़ने की हिम्मत रखते हैं, बाक़ी शब्द छोड़ें, एक पकड़ लें। और उसको अंत में छोड़ दें।

मैं छलाँग का आग्रह करता हूँ, इसलिए साधना में जहाँ तक बने बीज-शब्द से बचने की बात करता हूँ। उसे पीछे छुड़वाना पड़ेगा। रामकृष्ण के साथ ऐसा हुआ, उससे समझ में आ जाएगा।

रामकृष्ण ने माँ का स्मरण करके ही, परमात्मा को माँ स्वरूप मानकर ही साधना की। फिर ऐसा हो गया कि वह उस जगह पहुँच गए, जहाँ मंज़िल की आख़िरी सीढ़ी आ गयी। माँ के साथ पहुँच गए। लेकिन उस सीढ़ी के बाद तो अकेले ही प्रवेश हो सकता है। माँ को भी साथ नहीं लिया

जा सकता। वह तो प्रतीक था, वह तो शब्द था, वह तो रूप था, वह तो लहर थी, अब सागर में प्रवेश करने के पहले उसे छोड़ देना ज़रूरी था। रामकृष्ण बड़ी मुश्किल में पड़ गए। रामकृष्ण की ज़िंदगी में सबसे बड़ी मुश्किल उस दिन आती है जिस दिन माँ को छोड़ने का सवाल उठता है। अब जिसको इतने प्रेम से सँवारा हो, और जिसको इतने आँसुओं से सींचा हो, और इतना नाच-नाचकर जिसको रमाया हो, और पुकारकर जिसको बसाया हो, और श्वास-श्वास और हृदय की धड़कन-धड़कन में जिसको लेकर जिया गया हो, अब आख़िरी क्षण सवाल उठता है कि इसे छोड़ दो।

तोतापुरी नाम के एक अद्वैतवादी साधक के पास वह सीखते हैं इसका छोड़ना। तोतापुरी उनसे कहता है कि इस माँ को छोड़ो। तोतापुरी के लिए प्रतीक का कोई मतलब नहीं है। वह कहता है, छोड़ो इस माँ को। इससे नहीं चलेगा। अकेले ही जा सकते हो। रामकृष्ण आँख बंद करते हैं, फिर आँख खोल लेते हैं कि नहीं, यह नहीं हो सकता। मैं कैसे छोड़ सकता हूँ। 'मैं अपने को छोड़ सकता हूँ, माँ को नहीं छोड़ सकता।' तोतापुरी कहते हैं, 'फिर कोशिश करो, क्योंकि अगर तुम अपने को छोड़ दोगे तो मंदिर के बाहर रह जाओगे, माँ मंदिर के भीतर चली जाएगी, उससे तुम्हें क्या होगा? उससे कोई मतलब नहीं है। तुम्हें जाना है सत्य के सागर में तो छोड़ो, यह द्वैत नहीं चलेगा, यह दो नहीं चलेंगे, यह प्रेम की गली बहुत सँकरी है, यह सत्य की गली बहुत सँकरी है। यहाँ आख़िर में एक ही बच जाना है। छोड़ो।' नहीं रामकृष्ण छोड़ पाते हैं, तीन दिन तक तोतापुरी मेहनत करते हैं। फिर तोतापुरी कहते हैं, 'तो मैं जाऊँ।' तो रामकृष्ण कहते हैं, 'एक बार और मेरे साथ मेहनत कर लो, क्योंकि तड़पता तो हूँ उसके लिए, जो अनजाना रह गया है, लेकिन प्रतीक जिन्हें बहुत प्रेम किया, बड़े ज़ोर से भीतर बँध गए हैं।'

तो तोतापुरी एक काँच का टुकड़ा लेकर आता है। रामकृष्ण आँख बंद करके बैठते हैं, तोतापुरी कहता है कि मैं तुम्हारे माथे पर आज्ञाचक्र जहाँ हैं, वहाँ काँच से काट दूँगा तुम्हारी चमड़ी को, जब खून बहने लगे और कटाई तुम्हें काँच की मालूम पड़ने लगे, तब तुम भीतर एक तलवार उठाकर

माँ को दो टुकड़े कर देना। रामकृष्ण कहते हैं, 'माँ को, और दो टुकड़े, और तलवार! क्या कहते हैं आप, अपने को कर सकता हूँ! माँ पर कैसे तलवार उठाऊँगा? और फिर वहाँ तलवार लाऊँगा कहाँ से?' तो वह तोतापुरी कहता है, 'पागल हो तुम, जो माँ नहीं थी उसको तुम ले आए, तो जो तलवार नहीं है, उसको भी ले आओ। जब इतना बड़ा झूठ तुमने सत्य कर लिया, जो नहीं है कहीं भी—उसको भी तुमने साकार कर लिया, तो अब एक तलवार और साकार कर लो, इसमें क्या देर लगेगी! तुम कुशल हो, तलवार भी आ जाएगी। झूठी तलवार काम करेगी।'

रामकृष्ण आँख बंद करके बैठते हैं, चूँकि तोतापुरी ने कहा है कि आज वह चला जाएगा, वह इस तरह बचकाने खेल में नहीं पड़ सकता। वह पहले ही छलाँग लगा लेनेवाले लोगों में से है। रामकृष्ण आख़िरी सीढ़ी पर दिक्कत में पड़े हैं। वह कहता है, 'कहाँ की बचकानी बातें करते हो, छोड़ो। शर्म नहीं आती!' फिर वह काँच उठाकर रामकृष्ण के माथे को काट देता है। इधर वह माथे को काटता है, उधर रामकृष्ण हिम्मत जुटाकर तलवार से दो टुकड़े माँ के कर देते हैं। मूर्ति गिर जाती है, रामकृष्ण परम समाधि में खो जाते हैं। उठकर, वापस लौटकर वे कहते हैं, आख़िरी बाधा गिर गयी, 'दि लास्ट बैरियर'।

तो वह जो शब्द हैं, वह जो मंत्र हैं, वह जो बीज हैं, वह सबके 'लास्ट बैरियर' बनेंगे। उनसे जो चलेगा, एक दिन तलवार उठाकर उनको तोड़ना भी पड़ेगा। फिर बड़ा कष्ट पड़ता है। इसलिए मैं जहाँ तक कोशिश करता हूँ उनको जगह न बने, अन्यथा पीछे मुझे और एक झंझट होगी। वह बात पहले ही निबटा लेनी अच्छी।

और दूसरा सवाल पूछा है कि कृष्ण कहते हैं कि ओम् रूप में मुझे देखकर, जानकर, जीकर, पहचानकर अंत क्षण में तू मुझको उपलब्ध हो जाएगा। तो यह ओम् शब्द है या नहीं?

यह ओम् बड़ा अद्भुत शब्द है। यह असाधारण शब्द है। असाधारण इसलिए कि अर्थहीन शब्द है। सब शब्दों में अर्थ होते हैं, इस शब्द में कोई अर्थ नहीं है। इसलिए ओम् का हम दुनिया की किसी भी भाषा में अनुवाद

नहीं कर सकते हैं। कोई उपाय नहीं है। अर्थ हो तो अनुवाद हो सकता है, क्योंकि उसके अर्थ का दूसरा शब्द दुनिया की किसी भी भाषा में मिल जाएगा। लेकिन ओम् का अनुवाद नहीं कर सकते, क्योंकि यह अर्थहीन है, यह 'मीनिंगलेस' है। सब शब्दों में 'मीनिंग' होते हैं, इसमें कोई 'मीनिंग' नहीं है, इसमें कोई अर्थ नहीं है।

यह शब्द जिन्होंने बनाया, यह उन्होंने शब्द और निःशब्द के बीच में एक कड़ी खोजी। शब्द है अर्थपूर्ण, निःशब्द न अर्थ है, न अनर्थ है, पार है इस दोनों के बीच में एक 'ब्रिज' बनाया ओम् का। यह भाषा की, शब्द की ध्वनियों की—तीन मूल ध्वनियाँ हैं, अ, उ, म—उन तीनों को जोड़कर बना लिया। समस्त शब्द-ध्वनियाँ अ, उ, म का विस्तार हैं। ए.यू.एम. का विस्तार हैं। इन तीनों को जोड़कर इस ओम् को बना लिया। इसलिए फिर इस ओम् को शब्द की तरह लिखा भी नहीं, इसको 'पिक्टोरियल' बना लिया। इसका चित्र बना दिया, जिसमें कि यह भी ख़याल में न रहे कि यह कोई शब्द है। यह एक चित्र है। और वहाँ खड़ा है, जहाँ शब्द समाप्त होते हैं और निःशब्द शुरू होते हैं। यह सीमांत का पत्थर है। यह उस जगह खड़ा है ओम्, जहाँ से आगे फिर शब्द नहीं हैं। जिसके इस तरफ़ शब्द हैं। यह बीच की कड़ी है। इसलिए कृष्ण कहते हैं कि अगर तू मुझे ओम् रूप, ओम् रूप का मतलब है— अर्थहीन, शब्दातीत, भाषाकोश में नहीं मिलता है जो, ऐसे शब्द में मुझे सोच सके अंत क्षण में, तो तू मुझे उपलब्ध हो जाएगा। क्योंकि यह सीमांत का शब्द है। अंत समय अगर, इस सीमांत पर कोई पहुँच सके, तो छलाँग हो जाएगी।

इस ओम् शब्द में भारत के मन ने बहुत कुछ भरा है। इसे बड़ा विस्तीर्ण अर्थ दिया है। इतना विस्तीर्ण अर्थ दिया है कि अब उसमें कोई अर्थ नहीं है। इतना फैलाया है, इतना फैलाया है कि उसमें कोई सीमा नहीं रही। लेकिन, ओम् के पाठ का सवाल नहीं है, ओम् के अनुभव का सवाल है। और अगर ध्यान में आप उतरेंगे, तो जब सब शब्द खो जाएँगे, तब आपके भीतर ओम् की ध्वनि होने लगेगी। यहाँ आपको करनी नहीं पड़ेगी। अगर करनी पड़ी तो धोखा हो सकता है, कि वह आप ही कर रहे हों।

इसलिए भी मैंने ध्यान में ओम् की जगह नहीं बनायी है। अगर हम अपनी तरफ़ से ओम् की ध्वनि करें, तो हो सकता है वह शब्द ध्वनि ही होगी। एक ओम् की ध्वनि वह भी है, जब हमारे सब शब्द खो जाते हैं तो वह शेष रह जाती है। उसको कहना चाहिए, वह 'कॉज़्मिक साइलेंस' की ध्वनि है। जब सब शेष रह जाता है, सब मिट जाता है, सब शब्द, सब बुद्धि, सब विचार, तब एक ध्वनि-स्पंदन रह जाता है, जिसको इस देश में ओम् की तरह व्याख्या किया गया है। उसकी व्याख्या और भी हो सकती है। वह हमारी व्याख्या है। कभी आप रेलगाड़ी में बैठकर अगर चाहें, तो चाक की आवाज़ की बहुत तरह की व्याख्या कर सकते हैं। यह चाक जब आवाज़ करता है, तो वह कुछ आपके लिए आवाज़ नहीं करता, न आपके लिए कुछ कहता है, लेकिन आप जो चाहें उसमें खोज सकते हैं। वह आपकी खोज होगी। जब विराट् शून्य उत्पन्न होता है, तो विराट् शून्य की अपनी ध्वनि है, अपना संगीत है। 'साउंड ऑफ कॉज़्मिक साइलेंस'। जब सब शून्य हो जाता है, तब उसकी अपनी ध्वनि है। उस ध्वनि का नाम अनाहत है। वह किसी कारण से पैदा नहीं होती।

हम ताली बजाते हैं तो यह आहत नाद है। दो चीज़ों की टक्कर से पैदा होता है। आहत नाद का अर्थ है, दो चीज़ों की टक्कर से पैदा हो। ढोल पीटते हैं, आहत नाद है। बोलते हैं तो होंठ और जीभ का आहत नाद है। जब सब बंद हो जाता है, जहाँ दो नहीं रह जाते, एक ही रह जाता है, तब अनाहत नाद होता है। बिना किसी चोट के, बिना दो के टकराए ध्वनि होती है, वह जो ध्वनि है अनाहत, उसकी इस देश के मनीषियों ने ओम् की तरह व्याख्या की है। दूसरे देश के मनीषियों ने भी उसकी व्याख्या की है, तो वह ओम् के क़रीब-क़रीब के है। जैसे क्रिश्चियन 'आमीन' कहते हैं। वह ओमीन की व्याख्या है, वह ओम् की व्याख्या है। मुसलमान भी 'आमीन' कहते हैं। उपनिषद् लिखा जाएगा, तो सब लिखने के बाद आख़िरी में ऋषि लिखेगा, ओम् शांतिः शांतिः शांतिः। मुसलमान आयत पढ़ेगा, शास्त्र लिखेगा, तो आख़िर में सब लिखने के बाद लिखेगा 'आमीन, आमीन, आमीन। उससे पूछो, आमीन का अर्थ क्या है? आमीन अर्थहीन है। वह उसी 'कॉज़्मिक' ध्वनि की व्याख्या है

उसी ओम् की व्याख्या है। क्रिश्चियन भी आमीन का उपयोग करता है।

अँग्रेज़ी में कुछ शब्द हैं : 'ओमनीसिएंट', 'ओमनीप्रेजेंट', 'ओमनीपोटेंट' ये बड़े अजीब शब्द हैं। इनका अँग्रेज़ी भाषाशास्त्र के पास व्युत्पत्ति का सूत्र नहीं है। ये सब ओम् से बने हैं। 'ओमनीसिएंट' का मतलब है, जिसने ओम् को देखा। यह बहुत मुश्किल मामला है। इसलिए अँग्रेज़ी भाषाशास्त्री बड़ी कठिनाई में पड़ता है कि इसका मतलब क्या है, इस 'ओमनीसिएंट' का मतलब क्या है? 'वन हू हेज सीन दॅ ओम्'। जिसने ओम् को देखा, वह 'ओमनीसिएंट' है। 'ओमनीप्रेंजेंट' का क्या मतलब है? जो ओम् में उपस्थित हो गया। जो ओम् के साथ एक हो गया। 'ओमनीपोटेंट' का क्या मतलब है? कि जिसको उतनी ही ऊर्जा मिल गई, जितनी ओम् की है, जो उतना ही शक्तिशाली हो गया, जितना ओम् है।

यह ओम् की व्याख्या बहुत-बहुत रूपों में पकड़ी गयी है। लेकिन, दुनिया के दो बड़े धर्मस्त्रोतों ने... यह बड़े मज़े की बात है, जैन हिंदुओं का कुछ स्वीकार न करेंगे, लेकिन ओम् को इनकार न करेंगे। अगर जैन, बौद्ध, हिंदुओं के बीच कोई एक शब्द है, जो समान है तो वह ओम् है। अगर हिंदू, बौद्ध, जैन, ईसाई, मुसलमान, सबके बीच कोई एक शब्द समान है, तो वह ओम् है। हाँ, उनकी व्याख्या 'ओमीन' की है, 'आमीन की है, ये उसे ओम् कहते हैं। वह हमारा गाड़ी के चाक में सुना गया फ़र्क़ है। पक्का नहीं कहा जा सकता कि वह 'आमीन' है या 'ओम्' है। इसमें पक्का नहीं हुआ जा सकता, वह 'आमीन' भी हो सकता है, वह 'ओम्' भी हो सकता है। लेकिन एक बात पक्की है कि आमीन में भी और ओम् में भी की गयी है। वह ध्वनि अंतिम है। जब हम सब शब्दों के पार पहुँचते हैं तो एक ध्वनि शेष रह जाती है, जो 'कॉज्मिक साउंड' है।

झेन फ़क़ीर कहते हैं अपने साधक को कि तुम उस जगह जाओ और ऐसी बात खोजकर लाओ, जहाँ एक हाथ की ताली बजती है। अब एक हाथ की ताली! यह झेन फ़क़ीरों का अपना ढंग है अनाहत को कहने का। उन्हें अनाहत का कोई पता नहीं है इस शब्द का। वह कहते हैं कि वह जगह खोजो, वह स्थान खोजो, जहाँ एक हाथ की ताली बजती है। जहाँ एक हाथ

की ताली बजेगी, वहाँ ओम् रह जाएगा। जहाँ तक दो हाथ की ताली बजेगी, वहाँ तक शब्द होंगे, ध्वनियाँ होंगी।

मैंने क्यों जानकर ध्यान में ओम् को बिल्कुल जगह नहीं दी है? जानकर नहीं दी है। क्योंकि अगर आपने उच्चारण किया ओम् का, तो वह आपके द्वारा पैदा की हुई ध्वनि होगी। वह आहत नाद होगा। मैं प्रतीक्षा करता हूँ उस ओम् की, जब आप बिल्कुल खो जाएँगे और ओम् प्रकट होगा, और आपके भीतर से आएगा। वह हुंकार होगी, वह अनाहत होगा। वह 'कॉज्मिक साउंड' होगी। उस दिन, जैसा कृष्ण कहते हैं, ठीक कहते हैं कि अगर ओम् को तुमने समझा और जाना और जिआ तो आख़िरी क्षण में तुम मुझे उपलब्ध हो जाओगे। वह ठीक कहते हैं। लेकिन वह आपके द्वारा कहा गया ओम् नहीं है। मरते वक़्त अगर आप अपने होंठ से ओम्-ओम् करते रहे, तो बेकार मेहनत करेंगे। शांति से मर सकते थे और अशांति से मरना हो जाएगा।

ओम् आना चाहिए, प्रकट होना चाहिए, विस्फोट होना चाहिए। वैसा होता है।

अब हम ध्यान के लिए बैठें। देखें, उस ओम् की तरफ़ यात्रा करें।

बातचीत न करें, दूर-दूर बैठ जाएँ.....बातचीत न करें, दूर-दूर बैठ जाएँ। थोड़ा फ़ासला करके बैठें।.....(जो लोग देखने खड़े हैं वे बाहर आ जाएँ, सड़क पर खड़े हों, यहाँ 'कंपाउंड' में खड़े न हों। आप लोग बाहर आ जाएँ।).....

थोड़े फ़ासले पर बैठें, ताकि कोई गिर जाए, लेट जाए, तो आपके ऊपर न पड़ जाए...काफ़ी पीछे जगह पड़ी है, कंजूसी न करें। थोड़े दूर-दूर हट जाएँ। फिर कोई गिर जाएगा उतने ही में बाधा हो जाती है—और कई लोग गिर जाएँगे—इसलिए हट जाएँ। और ऐसा मत सोचें कि दूसरा हटेगा, दूसरा कभी हटता ही नहीं। हटना हो तो आप ही हट जाएँ।

(जो मित्र देखने खड़े हैं, उनसे प्रार्थना है कि वे बिल्कुल चुपचाप खड़े होकर देखेंगे, बात न करेंगे, ताकि हमें बाधा न हों।)

दो-तीन बातें समझ लें। बैठकर प्रयोग करना है, उसी तरह परिणाम होंगे। दस मिनट तो हम गहरी श्वास लेते रहेंगे। दस मिनट के बाद बैठे-बैठे

ही शरीर डोलने लगेगा, उसे डुलाना है, डोलने देना है। आवाज़ निकलने लगेगी, रोना निकलने लगेगा, उसे निकलने देना है। फिर दस मिनट पीछे–'मैं कौन हूँ, प्रक्रिया वैसी ही रहेगी, फिर आपको बैठकर करना है, बस इतना फ़र्क़ होगा। इस बीच कोई गिर जाएगा तो उसे चिंता नहीं लेनी, गिर जाना है।

('कंपाउंड' में कोई भी आँख खोले हुए नहीं होगा।)

दोनों हाथ जोड़ लें। संकल्प कर लें–

'प्रभु को साक्षी रखकर मैं संकल्प करता हूँ कि ध्यान में अपनी पूरी शक्ति लगाऊँगा।'

'प्रभु को साक्षी रखकर मैं संकल्प करता हूँ कि ध्यान में अपनी पूरी शक्ति लगाऊँगा।'

'प्रभु को साक्षी रखकर मैं संकल्प करता हूँ कि ध्यान में अपनी पूरी शक्ति लगाऊँगा।'

आप अपने संकल्प का स्मरण रखना, प्रभु आपके संकल्प का स्मरण रखता ही है।

अब दस मिनट के लिए बैठे–बैठे ही तीव्र श्वास लें। इसमें बहुत ज़ोर से शक्ति उठेगी, खड़े होने से भी ज़्यादा ज़ोर से उठेगी।

शक्ति उठेगी ही, श्वास की चोट करें।... शरीर के भीतर विद्युत दौड़ने लगेगी... शरीर के भीतर 'इलैक्ट्रीसिटी' पैदा होने लगेगी... ज़ोर से साँस लें... शरीर काँपने दें, डोलने लगे, डोलने दें, हिलने लगे, हिलने दें...

शक्ति जाग रही है उसे जागने दें, ज़ोर से श्वास लें, शक्ति को जागने दें... बहुत ठीक, बहुत ठीक, अपना–अपना ख़याल कर लें, कोई पीछे न रह जाए... शक्ति जाग रही है, उसे जागने दें... शरीर जो करता हो बैठे–बैठे करने दें... गहरी श्वास, गहरी श्वास, गहरी श्वास... शक्ति जाग रही, सहयोग करें, गहरी श्वास लें, गहरी श्वास लें, गहरी श्वास लें...

गहरी श्वास... बहुत ठीक, बहुत ठीक... अधिक मित्रों की शक्ति जाग रही है, उसे पूरा खुला छोड़ दें... गहरी श्वास लें, चोट करें, चोट करें, आनंद से भर जाएँ, आनंद से भर जाएँ, गहरी श्वास लें, गहरी श्वास लें, आनंद से भर जाएँ गहरी श्वास लें, गहरी श्वास लें...

शरीर 'इलैक्ट्रीफाइड' हो गया है, उसे होने दें, आप गहरी श्वास लें, आनंद से, आनंद से, परिपूर्ण आनंद से भरकर गहरी श्वास लें...

ज़ोर से, ज़ोर से, आनंद से, आनंद से, पूरे आनंद से गहरी श्वास लें, पीछे न रह जाएँ, पूरी शक्ति लगाएँ, फिर हम दूसरे चरण में प्रवेश करेंगे, चार मिनट बचे हैं, पूरी ताक़त लगाएँ...

बहुत ठीक, बहुत ठीक, ठीक गति आ रही है, आने दें, आने दें, कभी-कभी ज़रा से में चूक जाते हैं... ताक़त, ताक़त, पूरी लगा दें, आनंद भाव से पूरी ताक़त लगा दें...

तीन मिनट बचे हैं... बढ़ें, बढ़ें, ज़ोर से, भीतर यात्रा करें, गहरी श्वास, शक्ति जगने लगी, शरीर अपना मालूम नहीं पड़ेगा, डोलने लगेगा, बैठे-बैठे नाचने लगेगा, काँपने लगेगा, काँपने दें, बैठे-बैठे नाचने दें, आप गहरी श्वास लें, गहरी श्वास लें... बहुत ठीक, डोलें, डोलें, कँपें... गहरी श्वास लें...

बहुत ठीक, बहुत गति ठीक आ रही है, आनंद से, आनंद से, दो मिनट बचे हैं... गहरी श्वास, गहरी श्वास, गहरी श्वास, गहरी श्वास.... जब मैं कहूँ-एक, दो तीन, तो पूरी ताक़त लगा दें... गहरी श्वास, गहरी श्वास आनंद से भर जाएँ, डोलने दें शरीर को, डोलने दें, बैठे-बैठे नाचने दें...

ओशो का हिंदी साहित्य

उपनिषद
सर्वसार उपनिषद
कैवल्य उपनिषद
अध्यात्म उपनिषद
कठोपनिषद
ईशावास्य उपनिषद
निर्वाण उपनिषद
आत्म-पूजा उपनिषद
केनोपनिषद
मेरा स्वर्णिम भारत (विविध उपनिषद-सूत्र)
कृष्ण
गीता-दर्शन
(आठ भागों में अठारह अध्याय)
कृष्ण-स्मृति
महावीर
महावीर-वाणी (दो भागों में)
जिन-सूत्र (दो भागों में)
महावीर या महाविनाश
महावीर : मेरी दृष्टि में
ज्यों की त्यों धरि दीन्हीं चदरिया
बुद्ध
एस धम्मो सनंतनो (बारह भागों में)
अष्टावक्र
अष्टावक्र महागीता (छह भागों में)
लाओत्से
ताओ उपनिषद (छह भागों में)
कबीर
सुनो भई साधो
कहै कबीर दीवाना
कहै कबीर मैं पूरा पाया
न कानों सुना न आंखों देखा (कबीर व फरीद)

शांडिल्य
अथातो भक्ति जिज्ञासा (दो भागों में)
अन्य रहस्यदर्शी
नाम सुमिर मन बावरे (जगजीवन)
अरी, मैं तो नाम के रंग छकी (जगजीवन)
कानों सुनी सो झूठ सब (दरिया)
अमी झरत बिगसत कंवल (दरिया)
हरि बोलौ हरि बोल (सुंदरदास)
ज्योति से ज्योति जले (सुंदरदास)
अजहूं चेत गंवार (पलटू)
सपना यह संसार (पलटू)
काहे होत अधीर (पलटू)
जस पनिहार धरे सिर गागर (धरमदास)
का सोवै दिन रैन (धरमदास)
सबै सयाने एक मत (दादू)
पिव पिव लागी प्यास (दादू)
कन थोरे कांकर घने (मलूकदास)
रामदुवारे जो मरे (मलूकदास)
भक्ति-सूत्र (नारद)
शिव-सूत्र (शिव)
भजगोविन्दम् मूढ़मते (आदिशंकराचार्य)
एक ओंकार सतनाम (नानक)
जगत तरैया भोर की (दयाबाई)
बिन घन परत फुहार (सहजोबाई)
पद घुंघरू बांध (मीरा)
नहीं सांझ नहीं भोर (चरणदास)
संतो, मगन भया मन मेरा (रज्जब)
कहै वाजिद पुकार (वाजिद)
मरौ हे जोगी मरौ (गोरख)
सहज-योग (सरहपा-तिलोपा)
बिरहिनी मंदिर दियना बार (यारी)
प्रेम-रंग-रस ओढ़ चदरिया (दूलन)

दरिया कहै सब्द निरबाना
(दरियादास बिहारवाले) हंसा तो मोती चुगैं (लाल)
गुरु-परताप साध की संगति (भीखा)
मन ही पूजा मन ही धूप (रैदास)
झरत दसहुं दिस मोती (गुलाल)
जरथुस्त्र : नाचता-गाता मसीहा (जरथुस्त्र)

प्रश्नोत्तर

नहिं राम बिन ठांव
प्रेम-पंथ ऐसो कठिन
उत्सव आमार जाति, आनंद आमार गोत्र
मृत्योर्मा अमृतं गमय
प्रीतम छवि नैनन बसी
रहिमन धागा प्रेम का
उड़ियो पंख पसार
सुमिरन मेरा हरि करैं
पिय को खोजन मैं चली
साहेब मिल साहेब भये
जो बोलैं तो हरिकथा
बहुरि न ऐसा दांव
ज्यूं था त्यूं ठहराया
ज्यूं मछली बिन नीर
दीपक बारा नाम का
अनहद में बिसराम
लगन महूरत झूठ सब
सहज आसिकी नाहिं
पीवत रामरस लगी खुमारी
रामनाम जान्यो नहीं
सांच सांच सो सांच
आपुई गई हिराय
बहुतेरे हैं घाट
कोंपलें फिर फूट आईं
फिर पत्तों की पांजेब बजी
फिर अमरित की बूंद पड़ी
क्या सोवै तू बावरी
चल हंसा उस देस
कहा कहूं उस देस की
पंथ प्रेम को अटपटो
माटी कहै कुम्हार सूं
मैं धार्मिकता सिखाता हूं, धर्म नहीं

झेन, सूफी और उपनिषद की कहानियां

बिन बाती बिन तेल
सहज समाधि भली
दीया तले अंधेरा

तंत्र

संभोग से समाधि की ओर
तंत्र-सूत्र (पांच भागों में)

योग

पतंजलि : योग-सूत्र (पांच भागों में)
योग : नये आयाम

विचार-पत्र

क्रांति-बीज
पथ के प्रदीप

पत्र-संकलन

अंतर्वीणा
प्रेम की झील में अनुग्रह के फूल
पाथेय

बोध-कथा

मिट्टी के दीये

ध्यान, साधना

ध्यानयोग : प्रथम और अंतिम मुक्ति
नेति-नेति
चेति सकै तो चेति
हसिबा, खेलिबा, धरिबा ध्यानम्
समाधि कमल
साक्षी की साधना
धर्म साधना के सूत्र
मैं कौन हूं
समाधि के द्वार पर
अपने माहिं टटोल
ध्यान दर्शन
तृषा गई एक बूंद से
ध्यान के कमल

जीवन संगीत
जो घर बारे आपना
प्रेम दर्शन

साधना-शिविर

साधना-पथ
मैं मृत्यु सिखाता हूं
जिन खोजा तिन पाइयां
समाधि के सप्त द्वार (ब्लावट्स्की)
साधना-सूत्र (मेबिल कॉलिन्स)
ध्यान-सूत्र
जीवन ही है प्रभु
रोम-रोम रस पीजिए

राष्ट्रीय और सामाजिक समस्याएं

देख कबीरा रोया
स्वर्ण पाखी था जो कभी और अब है भिखारी जगत का
शिक्षा में क्रांति
नये समाज की खोज
नये भारत की खोज
नये भारत का जन्म
नारी और क्रांति
शिक्षा और धर्म
भारत का भविष्य

विविध

अमृत-कण
मैं कहता आंखन देखी
एक एक कदम
जीवन क्रांति के सूत्र
जीवन रहस्य
करुणा और क्रांति
विज्ञान, धर्म और कला
शून्य के पार
प्रभु मंदिर के द्वार पर
तमसो मा ज्योतिर्गमय
प्रेम है द्वार प्रभु का
अंतर की खोज
अमृत की दिशा
अमृत वर्षा
अमृत द्वार
चित चकमक लागे नाहिं
एक नया द्वार
प्रेम गंगा
समुंद समाना बुंद में
सत्य की प्यास
शून्य समाधि
व्यस्त जीवन में ईश्वर की खोज
अज्ञात की ओर
धर्म और आनंद
जीवन-दर्शन
जीवन की खोज
क्या ईश्वर मर गया है
नये मनुष्य का धर्म
धर्म की यात्रा
स्वयं की सत्ता
सुख और शांति
अनंत की पुकार

ओशो के ऑडियो-वीडियो प्रवचन एवं साहित्य के संबंध में समस्त जानकारी हेतु संपर्क सूत्र :

साधना फाउंडेशन

17 कोरेगांव पार्क, पुणे 411001

फोन: 020-6136655 फैक्स: 020-6139955

E-mail: distrib@osho.net Website: www.osho.com

ओशो साहित्य

ओशो
संभोग से समाधि की ओर

ओशो
भगति-भजन हरिनाम (कबीर)

ओशो
गुरु गोविन्द दोऊ खड़े (कबीर)

ओशो
हीरा पायो गांठ गठियाओ (कबीर)

ओशो
तेरा साईं तुझ में (कबीर)

ओशो
बूझे बिरला कोई (कबीर)

ओशो
शिक्षा - नए प्रयोग

ओशो
मन लागो यार फकीरी में (कबीर)

ओशो
क्या मेरा क्या तेरा (कबीर)

ओशो
नहीं जोग नहीं जाप (कबीर)

ओशो
पाथेय (पत्र संकलन)

ओशो
मौन संगीत

ओशो
अरीं, मैं तो नाम के रंग छकी

ओशो
दादू सहजै देखिए (दादू)

ओशो
जस पनिहार धरे सिर गागर

ओशो
मीरा के प्रभु गिरधर नागर

ओशो
राम नाम रस पीजे (मीरा)

डायमंड बुक्स
X-30, ओखला इंडस्ट्रियल एरिया, फेज-2, नई दिल्ली-110020
फोन नं. 41611861-66, 40712100, फैक्स: 011-41611866,
ईमेल : Sales@dpb.in, Website: www.dpb.in